Werner Bischof

Werner Bischof

1916-1954
Leben und Werk

Benteli Verlag Bern

Die Herstellung dieses Buches wurde
unterstützt von:
Fredy A. Legler, Bergamo
Kanton Zürich
Adolf Streuli Stiftung, Zürich
Migros-Genossenschafts-Bund, Zürich

2., ergänzte Auflage
© 2004 Benteli Verlags AG, Wabern/Bern

Deutsche Erstausgabe:
© 1990 Benteli Verlags AG, Wabern/Bern
Photos/Zeichnungen/Zitate Werner Bischof:
© 1990 Marco und Daniel Bischof
Text Vorwort:
© 1990 Hugo Loetscher
Text Biographie:
© 1990 Marco Bischof und
Guido Magnaguagno

Herausgeber:
Marco Bischof
Konzeption:
Marco Bischof und René Burri
Graphische Gestaltung:
Sandra Binder und Werner Jeker
Les Ateliers du Nord, Lausanne
Redaktion:
Claudia Zürcher
Photolithos, Satz und Druck:
Jean Genoud SA, Lausanne

ISBN 3-7165-1335-0

Benteli Verlags AG
Seftigenstrasse 310
CH-3084 Wabern/Bern
Tel. (+41) 031 960 84 84
Fax (+41) 031 961 74 14
info@benteliverlag.ch
www.benteliverlag.ch

In Erinnerung an Rosellina

Inhalt

Ein Zeitgenosse der Kamera
von Hugo Loetscher   9

Werner Bischof
Leben und Werk 1916-1954
von Marco Bischof
und Guido Magnaguagno

Zürich 1916-1945   11

Europa nach dem Krieg 1945-1949   43

Von Europa nach Indien 1950/1952   97

Japan 1951-1952   129

Korea 1951/1952   171

Hongkong und Indochina 1952   191

Nord- und Südamerika 1953-1954   223

Kurzbiographie   249

Bibliographie   251

Dank   255

Ein Zeitgenosse der Kamera

Kaum ein Photograph hat das Dilemma der modernen Photographie mit gleicher Intensität gelebt und aufgrund dieser Spannung ein Werk von solch exemplarischer Bedeutung geschaffen. Nicht einmal zwanzig Jahre standen zur Verfügung. Ein Œuvre dieser Qualität und dieses Umfanges kam zustande, weil Werner Bischof mit Besessenheit an die Arbeit ging, eine Arbeit an der er oft genug gezweifelt hat, ein Zweifel jedoch, der fruchtbar wurde.

Ursprünglich hatte Bischof an eine andere Möglichkeit gedacht, sich visuell auszudrücken. Der Maler-Traum der Photographen ist alt wie die Photographie. Mit Überraschung mag man zur Kenntnis nehmen, unter welchen zufälligen Umständen Bischof sich sein Rüstzeug an der Kunstgewerbeschule Zürich holte. Aus dem gelehrigen Schüler der Sachaufnahme wurde ein Meister in deren Anwendung. Berühmt aber wurde Bischof mit den Bildern, die er als Reporter machte, eine Berufsbezeichnung, die er nie mochte.

Das erste Atelier hatte Bischof mit «Foto-Grafik» angeschrieben – ganz im Zeichen seiner Ausbildung und ganz im Zeichen seiner Zeit: Mode, Werbung und Ausstellungsgrafik. Als er das Atelier aufgab, kam dies einem Ausbruch gleich. Spricht man von der Photographie als angewandte Kunst, wird man für die Schweiz Namen wie Hugo Herdeg oder Herbert Matter nennen. Spricht man von den Anfängen des Photojournalismus, wird man einen Paul Senn oder Hans Staub erwähnen, die publizierten, als Bischof noch in der Ausbildung stand. Kein anderer Photograph seiner und der vorangegangenen Generation aber ist mit gleicher Selbstverständlichkeit für beide Bereiche zuständig wie Bischof. Nicht einfach, weil Bischof aus Metier-Neugierde Kamera-Möglichkeiten ausprobierte, findet man bei ihm die Naturstudie neben der Momentaufnahme, das Experimentieren wie die Berichterstattung. Die Diversität zeugt von einem Spannungsfeld, das zwischen Atelier und Schauplatz liegt. Was sich dabei an Erwartung und Enttäuschung einstellte, darüber sind wir dank der Tagebücher und Briefe informiert. Bischof hat Zeit seines Lebens sein Schaffen reflektierend begleitet.

Sein individuelles Dilemma aber weist über das Persönliche hinaus und ist repräsentativ für die Konstellation der modernen Photographie, wie sie sich in den Dreissiger Jahren etablierte und wie sie nach dem Zweiten Weltkrieg zu Bedeutung kam. Daher sind nicht nur aus biographischen Gründen Hans Finsler und Arnold Kübler zu nennen. Finsler, der Lehrer, propagierte an der Zürcher Kunstgewerbeschule das «Neue Sehen», das sich vom Malerischen befreite und sich aufs Objekt ausrichtete und damit eine kameragerechte Sprache erfand. Daneben Arnold Kübler, der mit der *Zürcher Illustrierten* das erste Forum in der Schweiz für den Photojournalismus schuf und dem dokumentierenden Bild treu blieb, als er die Zeitschrift *Du* herausgab, in deren Redaktion er Bischof berief. Innerhalb dieser Konstellation fand die Entwicklung von Bischof statt. Seine Kamera humanisierte sich mit der Zeitschriftentätigkeit. Die Bilder hiessen nicht mehr «Gebündeltes Licht» sondern «Flüchtlingskind».

Bischof wurde zu einem Zeitgenossen der Kamera, Mitglied der Photographengruppe MAGNUM, der in der renommierten internationalen Presse publizierte. Eine Arbeit, die unter dem Druck von Auftrag und Nachfrage stand. Was nicht für den Tag gedacht war, wurde zum Kurs der Aktualität genommen. Das gültige Bild, wie es Bischof verstand, konnte nur das Buch retten. Kein Zufall, dass sein erster (und einziger) Bildband, den er herausgab, Japan zum Thema hatte, die graphische Kultur dieses Landes war eine geradezu ideale Vorlage für das schöne Bild, das sich engagiert.

Der Perfektionswille in den Reportagebildern konnte geradezu schmerzlich und provokativ wirken angesichts des Dargestellten. Eine jüngere Photographen-Generation wird unbekümmerter sein – schon weil ihr jede formale Absicht als Verschönerung und Verrat verdächtig wird.

Das schöne Bild von Bischof aber war nicht pures ästhetisches Anliegen, sondern entsprach seinem Credo an eine heile Welt. Doch was es zu zeigen hatte, das vom Krieg zerstörte Europa, der Hunger in Indien, die Kriege in Indochina und in Korea, zeugten für eine Welt des Unheils.

So gehört zu Bischof gleicherweise die Entschlossenheit, sich dem Unheil der Welt mit der Kamera zu stellen, wie die Absatzbewegung. Eine Reise nach Südamerika, seine letzte, war ein Befreiungsakt. Aber in Lima trifft er auf die Slums, wie er sie von Hongkong her kennt. Hätte er nicht den Tod gefunden, das Unheil, diesmal das indianische, wäre ihm einmal mehr nicht erspart geblieben. Der reine Traum im Konflikt der Welt – dieses Drama gibt seinen Bildern die Stärke. In ihnen wirkt die Erinnerung ans schöne Bild, eine gebrochene Erinnerung, denn zugleich ist das Erschrecken spürbar über das, was gezeigt werden muss, und ein Glauben, der sich nicht brechen lassen will, weil es einmal wieder das Recht aufs schöne Bild geben soll, und daher die selbstgewählte Verpflichtung dahin zu wirken, dass wenn eine Welt schon nicht gut ist, sie wenigstens besser sein könnte.

Hugo Loetscher

Zürich 1916-1945

«Ich denke an all die schönen Tage zurück, die letzten, da wir zusammen waren, glücklich, überglücklich, auch wenn wir sie nicht ganz erfassen konnten, da immer der Abschied im Hintergrund stand. Es muss anders werden, ich halte es nicht mehr aus...

»Ich bin ein Fremder in dieser Stadt, ich sah es gestern, als ich durch die Strassen lief gegen den Berg San Cristobal, wo man eine solch phantastische Aussicht bis zum Meer hat. Ich ging durch diese elenden Erdhütten, die sich wenig von den Slums in Hongkong unterscheiden – wie in Mexiko an jeder Ecke eine trostlose Armut. Soll ich das immer und immer wieder aufnehmen! Ich kann nicht – doch was gibt es sonst noch – die Reichen auf der anderen Seite der Stadt in Miraflores sind gerade so trostlos.

»Wie schön war der Ferne Osten dagegen! Ich denke vielmals daran. Ich denke auch viel daran, was ich tun soll mit meinen grossen Plänen der Ausrüstung, ob es wirklich einen Zweck hat, die ganzen Strapazen und Ausgaben auf mich zu nehmen für die wenigen Punkte, die eventuell interessant sind. On verra!»

Dies schrieb Werner Bischof an seine Frau Rosellina am 26. April 1954. Er feierte seinen 38. Geburtstag in Lima. Drei Wochen später fand er den Tod in den peruanischen Anden. Der Wagen, von einem Chauffeur gesteuert, stürzte mit Bischof und einem befreundeten Geologen in eine Schlucht.

Zu photographieren begann er 1932 mit seinem Eintritt in die Zürcher Kunstgewerbeschule. Obwohl er eigentlich immer hatte Maler werden wollen, blieb er nun während rund zwanzig Jahren der Photographie treu. Eine kurze Zeitspanne für ein künstlerisches Lebenswerk – dass es gleichwohl Weltberühmtheit erlangte, muss von dessen ungewöhnlicher Intensität kommen. Sein Schaffen ist durch eine der einschneidenden Zäsuren unseres Jahrhunderts zweigeteilt: vor 1945 spielte sich sein Leben fast ausschliesslich in der Schweiz ab, nach Kriegsende – und jetzt für nur neun kurze Jahre – vorwiegend auf Reisen im Ausland. Es ist die fast klassische Biographie des Schweizer Photographen seiner Generation. In seinen Lehrjahren rezipierte er die Technik und Gestaltungsprinzipien des «Neuen Sehens», er erweiterte und erprobte formale Möglichkeiten – um schon als Dreissigjähriger die Laufbahn eines Photoreporters anzutreten, welche ihn erst durch Osteuropa, dann durch Indien, Japan, Korea, Hongkong, Indochina und schliesslich nach Nord- und Südamerika führte.

Werner Bischof erlebte eine behütete, eher ereignislose Kindheit in Zürich und Kilchberg, ab 1922 folgten Schuljahre in Waldshut am Rhein. Der Vater, Adalbert Bischof, arbeitete als kaufmännischer Angestellter im pharmazeutischen Betrieb De Trey in Zürich, später als Geschäftsleiter der Tochterfirma in Deutschland. Er war ein begeisterter Hobbyphotograph und experimentierte mit seinen zwei Kindern im familieneigenen Labor. Werners um ein Jahr ältere Schwester Marianne, die später Ärztin wurde, erinnert sich: «Wir legten Spitzen und andere schöne Gegenstände auf Photopapier und belichteten es. Daraus entstanden Photogramme. Mit dem Vater unternahmen wir oft ausgedehnte Bergwanderungen und beobachteten die Natur.»

Die Mutter (geborene Marie Schmied) interessierte sich besonders für religiös-philosophische Themen. «Durch die zahlreichen Gespräche, die wir mit ihr führten, hat sie auf unsere Lebenshaltung und bestimmt auch auf unsere spätere Berufswahl einen bedeutenden Einfluss ausgeübt.»

Die Bischofs lebten dank der Stellung des Vaters in Waldshut nun in guten Verhältnissen und konnten sich sogar ein Auto leisten. Schon als Schüler brillierte Werner vor allem im Zeichnen und Turnen – sein grösster Wunsch war es, Maler zu werden. Sein Vater schickte ihn jedoch ins Lehrerseminar Schiers. Dort erhielt er 1931 die Nachricht vom unerwarteten Tod seiner Mutter. Sosehr Werner Bischof sein späteres Leben mit Briefen, Tagebuchnotizen und Reflexionen kommentierte, fehlen an seine Jugendjahre merkwürdigerweise jegliche Aufzeichnungen. Dem Vater gegenüber hat er später sein unstetes Leben und seine politische Meinungen gerechtfertigt, aber nie ist vom Einschnitt die Rede, welcher der Verlust der Mutter einem Fünfzehnjährigen bedeutet haben musste.

So darf man annehmen, dass Bischof bereits mit diesem Ereignis aus dem Familienverband gleichsam ausgetreten ist, wenn auch des Vaters zweite Frau, Rösli Klauser, ab 1935 auf seine humanistische und künstlerische Bildung einen wichtigen Einfluss hatte.

Familie Bischof in Waldshut Deutschland um 1930

Werner Bischof um 1933, Schweiz

Photo: Hans Finsler, um 1925

**Photoatelier von Werner Bischof
Zürich, Schweiz**

Der entscheidende Schritt in seiner persönlichen und beruflichen Formation bedeutete indessen die vom Vater unterstützte Ausbildung an der allgemeinen Abteilung der Kunstgewerbeschule Zürich im Jahre 1932. Ein Jahr später, im Frühling 1933, wechselte er als zweiter Vollschüler in die neugegründete Photoklasse von Hans Finsler.

«Nur ein Zufall war es, dass die Kamera und nicht der Pinsel mein Begleiter wurde. Von Kind an war ich der Malerei zugetan. In der Kunstgewerbeschule war aber kein Platz in der graphischen Klasse frei, sodass ich versuchsweise die photographische Abteilung besuchte. Die Kamera faszinierte mich mit ihren unendlichen Möglichkeiten. Die tagelangen Streifzüge im Wald liessen mich den Menschen total vergessen. Die Tiere, die Pflanzen, das Wunder des Wachstums, das war meine Welt. Aus dieser Zeit stammt die Aufnahme von der Frucht des Löwenzahns.» (Werner Bischof in einem selbstverfassten, nicht veröffentlichten Lebenslauf.)

Finsler, der herausragende Photolehrer der Schweiz, war als einer der Pioniere der «Neuen Fotografie» und wichtiger Vertreter der epochalen, 1929 auch in Zürich gezeigten Werkbund-Ausstellung «Film und Foto» eben erst als Lehrer an die Kunstgewerbeschule gewählt worden. Der Lehrer 1963 über seinen Schüler:

«Werner Bischof war kein Musterschüler, aber er bekam die besten Zeugnisse, das heisst seine Selbständigkeit im Verhalten und in der Arbeit war so gross, dass sie im Rahmen eines Musterschülers nicht unterzubringen war. Aber in ihrer Ursprünglichkeit, in ihrer kompromisslosen Konsequenz und auch vor allem in der Leistung musste sie anerkannt werden. Das ist so geblieben. Von grossem Einfluss auf sein frühes Schaffen war Alfred Willimann, sein Lehrer für die graphische Anwendung der Photographie.»

Bereits in dieser ersten Schilderung seines Mentors und späteren Freundes tritt er als selbstbewusster Einzelgänger auf, auch seine Schulkollegen erlebten ihn so. Als die Photoklasse das Thema «Brunnen» für eine Ausstellung bearbeitete und ein ganz bestimmtes Bild fehlte, fuhr Werner deswegen im Herbst 1935 allein per Velo nach Nürnberg – als die Klasse einen Brand dokumentieren sollte, kam er nicht mit Bildern vom Feuer, sondern mit den vom Schrecken gezeichneten Gesichtern der Leute zurück. Die Eigenwilligkeit schien so früh ausgeprägt wie die Spannung zwischen Sachphotographie und Reportage. Ein Tag Photoklasse pro Woche und Finslers Grundkurs genügten zur Entstehung einer Reihe von Schülerarbeiten, die sich an Vorbildern wie Karl Blossfeldts Naturstudien oder Albert Renger-Patzschs «Die Welt ist schön» orientierten. Finsler 1963 in einem Vortrag:

«Werner Bischof bekam am Anfang die Aufgabe, etwas aufzunehmen, das er gern hatte. Es war aber nicht seine Violine, welche er wählte, sondern nur deren in Holz geschnittene Schnecke. Für mich ist die Spirale ein Symbol für Werner Bischof geworden. Noch in seiner Schulzeit entstanden Aufnahmen der Windungen der Schneckenhäuser, die er kunstvoll zerlegte, um ihr Inneres zu zeigen. Er nahm die Spirale des Farnkrauts und des wilden Weins auf. Die Spirale entwickelt sich aus einem Kern, der bleibt. Aber um diesen Kern legen sich weitere, grössere Kreise, die sich vom Kern entfernen, aber immer mit ihm verbunden bleiben.»

Nach dem Abschluss der Kunstgewerbeschule am 7. Mai 1936 und der Rekrutenschule bezog er in Zürich eine erste eigene Wohnung und ein Atelier am Spielweg. Ein Stock höher wohnte sein Graphiklehrer. Es war Alfred Willimann, der Werner eine äusserst präzise Arbeitsweise lehrte, die keinen Zeitaufwand scheute. Bischof war nun als freier Photograph und Graphiker tätig. Vom Sommer 1938 bis Frühjahr 1939 beschäftigte ihn die renommierte Werbeagentur Amstutz & Herdeg, für die unter anderem Photoplakate für St. Moritz entstanden. Einen weiteren Auftrag verdankte er der Empfehlung Willimanns: für die Hallen des Druckgewerbes und den Modepavillon der Schweizerischen Landesausstellung 1939 fanden seine vergrösserten Photomontagen Verwendung. Wenn diese Arbeiten an die Pariser Surrealisten-Ausstellung 1938 erinnern, kommt dies nicht von ungefähr, auch der Modephotograph Bischof kann Man Rays Einfluss nicht verleugnen, und selbstverständlich hat er auch Arbeiten Erwin Blumenfelds gesehen, was insbesondere bei seinen Frauenakten auffällt. Gerade auf dem Gebiet der Sachaufnahmen und Mode hatte sich Bischof in der

Schweiz mit einer hochqualifizierten Konkurrenz zu messen. In der Nachfolge der von Georg Schmidt 1933 im Basler Gewerbemuseum veranstalteten Übersicht «Die Neue Fotografie in der Schweiz» wurde das neue Medium zunehmend in der Werbung eingesetzt, von Kollegen wie Herbert Matter, Ernst A. Heiniger, Heiri Steiner, Michael Wolgensinger, Anton Stankowski, Hermann Eidenbenz oder Hugo Herdeg. Bischofs Neugierde und Phantasie, eine Art spielerischer Umgang mit Licht, mit Verfremdung, mit Experimenten wie dem Photogramm, führten ihn weit über die strengen Regeln seines Lehrers Finsler oder des Bauhaus-Meisters Moholy-Nagy hinaus. Naheliegend, dass er im Juni 1939 hoffnungsvoll nach Paris aufbrach, um ein Atelier zu suchen. Dort jedoch notierte er am 29. und 31. August besorgt in sein Tagebuch:

«Was liegt vor mir? Soll wieder einmal der Krieg diese Welt regieren? Diese Welt, die immer von ihrer hohen Kultur spricht – wo ist die Kultur? Etwa in den technischen Mitteln zur Vernichtung jeglichen Lebens?

»Ich leide mit dem Menschen. Doch es ist gut – meine Augen öffnen sich: ich lerne sehen. Welch ein Glück – ich kann verstehen, auch ohne die Sprache zu sprechen.»

Der Aufenthalt ging schnell und unfreiwillig zu Ende, Bischof kam wie viele andere Schweizer Künstler mit einem der letzten Züge zurück. Bereits am 13. September schrieb er aus dem Aktivdienst in Wattwil an seine Eltern:

«Als ich noch in Paris die Worte von Papa las, wusste ich schon, dass diese Krise nicht mehr friedlich zu schlichten sei bei der Unvernunft der Völker. Ja, es ist traurig, dass dieses grausige Schauspiel sich wieder vor uns abwickelt, es wird heute für die Schweiz nicht mehr so leicht sein, neutral zu bleiben wie das 1914 möglich war.»

Und am 25. September: «Jeder Tag ist wieder anders hier oben. Von einem Tag auf den anderen wechselt das Wetter, momentan ist es sehr kalt und wenn es so weiter geht, werden die Hügel des Toggenburgs bald weiss überzogen sein. Auf der einen Seite wird das sehr schön für die Freizeit, doch für den Dienst umso strenger.»

Im Mai 1940 sieht alles noch ernster aus: «Wie schwer es uns zumute ist, könnt Ihr Euch gar nicht vorstellen. Es ist furchtbar, was alles passiert ist in diesen Tagen und wir sind keinen Moment sicher, wann auch unser Land von der Deutschen Dampfwalze überfahren wird. Auf jeden Fall sind wir vom stärksten Willen beseelt, wachsam zu sein und wenn es not tut, unser Leben zu lassen.»

Dann begann er am Wehrwillen zu zweifeln: «Warum immer noch der gleiche dumpfe, von allen Schrecken begleitete, alles Schöne vernichtende Zustand – Krieg.» (22. Oktober 1940.)

«Wie sollen wir junge Menschen all dieses Unglück tragen?» (Mai 1941.)

«Es war ein Abend, der trotz seinem ruhigen Äusseren den gesamten Vorgang einer inneren Umwälzung hervorrief. Ich verstehe manches, das mir bis dahin fremd war, die Stunden gingen vorbei – langsam, langsam – es wurde nicht besser, ich konnte mit niemandem reden, ich fühlte zum ersten Mal die Einsamkeit meiner Welt. Der Bleistift verlor sich in Gedanken, Gewirr, er zog die Linie ungenau ohne Zusammenhang. Nur die Natur kam mir zu Hilfe.» (8. Juni 1941.)

Die Natur kam ihm zu Hilfe und die Photographie. Auf langen, oft einsamen Bergtouren erholte er sich von insgesamt 800 Tagen Aktivdienst. Seine Beobachtungen verraten den sensiblen Blick des Photographen, aber auch seine Sehnsucht nach Frieden und Harmonie. Die Berge bedeuteten ihm eine Art «Heimat»: «Wie ruhig und gross ist die Nacht, ganz entfernt diese Welt – der Mond sendet sein bleiches Gesicht auf den unter uns liegenden Gletscher – ein gewaltiger Eisstrom mit Löchern und Ritzen; schwarzblaue Schlünde, die das Nichts bedeuten.

»So weich – so zart, alles veredelnd, wie eine zarte Hand streift das Mondlicht über die eisigen kalten Flächen, die Schatten sind nicht leer, sie haben Leben.

»Am blau-schwarzen Himmel leuchtet ganz unnatürlich hell ein Stern – die Venus, über den Lauteraarhörnern senkt sich die funkelnde Kuppel der Millionen Lichter und ganz klein in diesem ungeheuren Kessel, umgeben von Eis und Schnee, gehen wir unseren Weg. Zwei Wesen verbunden mit dem Seil, still, ohne Worte, jedes seinen Gedanken nachhängend. Die scharfen Zacken der Eisen setzen kräftig an und ohne Anstrengung ist der erste Steilhang hinter uns.

Photo: Werner Bischof, Italien 1950

An der Landesausstellung 1939 Zürich, Schweiz

In der Armee, Schweiz 1941

Photogramm, Zürich, Schweiz 1935

»Die ersten Eissplitter fliegen mir ins Gesicht, silbrig glänzend. Ich spüre die Kraft der Berge, es ist nicht allein die kalte Nachtluft, nicht das bestimmte Geräusch des stufenschlagenden Pickels – es ist der Raum, die Dimension um mich herum, die Freiheit, die ich brauche, um zu leben. (...)

»Die wärmende Sonne tut gut. Wir stehen noch wenige Meter unter der Gipfelwächte. Was für eine Pracht wird sich uns zeigen nachher beim Blick in ein anderes Tal, wir kennen es nicht, wissen nicht, ist es eine sanfte Schneefläche, sind es schroffe, abfallende Felswände... all das ist schön: die Vorbereitung, der Zauber der Überraschung, unendliches Glück, dem, der die Berge sieht und erkennt, der müde wird vom Schauen, nicht vom Gehen.« (Besteigung des Ochsen von der Strahlegghütte aus, Tagebuch, 19. August 1940.)

Diese Erlebnisse, die Welt der Dinge, die gleichsam unschuldige Schönheit der Natur, kehrten in den poetischen Arbeiten wieder, die er in den kurzen Phasen zwischen den Militäreinsätzen ausführte. Welcher Kontrast zwischen der rauhen Welt des Aktivdienstes und der stillen Arbeit im Atelier! Bischof fühlte sich zurecht als Künstler und trat 1942 der Gruppe «Allianz» bei, welche seit 1937 die fortschrittlichen Schweizer Künstler, die Konstruktivisten wie die Surrealisten, zusammenfasste. Diese Zugehörigkeit bestärkte zweifellos seine Experimentierfreudigkeit. Gestaltungsformen beider Richtungen lassen sich in seinen eigenen Werken unschwer ablesen.

Und er feilte weiter an seinen Techniken, wie sein Labormitarbeiter und späterer Freund Ernst Scheidegger berichtet:

«Bischof machte manchmal Negative, auf denen kaum etwas zu sehen war, die vergrösserte man dann mit ‹extrahart›, dem härtesten Papier, das man damals bekommen konnte. Damit bekam man dann diese feinen Grautöne. Die Leute glaubten immer, er mache das mit weichem Papier. Aber er machte das mit dem härtesten Papier, seine Filme hingegen benutzte er anders, eben, unterentwickelt, so dass er nachher das harte Papier verwenden konnte und diese differenzierten Töne herausbrachte.»

Die neue Kreativität war seinem Lehrer Finsler nicht entgangen, in einem kurzen Artikel der Zeitschrift *Graphis* (No. 7/8 1945) analysierte er den Werdegang des Schülers mit leiser Bewunderung:

«Man kann Bischof keinen Photographiker nennen. Bischof ist reiner ‹Photograph› in der ursprünglichen Bedeutung des Wortes. Er schreibt mit dem Licht. Seine Mittel, die Tonstufungen, die Formbeziehungen, die Perspektive, der Bildaufbau sind photographisch in einem weitgespannten und wörtlichen Sinn. Durch die Art seiner Montage lässt er auch dort das Bild sprechen, wo die Schrift fast unvermeidlich erscheint.

»Bischof entwirft photographisch. Er arbeitet mit den graphischen Elementen der Photographie entsprechend seinen Aufgaben, die eine Klärung und Deutung der Dinge zum Ziel haben. Er findet neue und unausgeschöpfte Möglichkeiten der photographischen Technik und Anschauung, die dem Graphiker, der von zeichnerischen Voraussetzungen ausgeht, unbekannt sind. Bischof ist kein Reporter. Er verzichtet auf die Photographie, die eine unbeeinflusste Wiedergabe der Wirklichkeit geben will. Es würde ihm schwerfallen, Aufnahmen vorzulegen, in denen seine Auffassung nicht mitspricht. Dabei ist die Natur immer wieder die Quelle seiner Anschauung, aber auch einfache Naturaufnahmen sind geformt, und häufig gibt die Natur selbst wieder die Anregung zur Formung. Bischof sucht, das Regelmässige, Gesetzmässige aus dem Zufälligen zu isolieren. Auch wenn er abstrakte Formen auf Naturformen projiziert, auf einen Frauenkörper, auf eine Zwiebel, kann das Ergebnis eine Verdeutlichung der Grundformen bedeuten.

»Einige seiner Bilder sind nicht mit dem Objektiv geschaffen und daher unabhängig von der stofflichen Darstellung von Gegenständen. Aber diese Photogramme sind bewusst geformt und nicht wie früher Bilderrätsel und Spiele des Zufalls. Auch die Art seiner Photomontagen ist eine sinnvolle, in der Aufnahme vorausberechnete, wobei die alte Klebe- und Schnittmontage vermieden wird.

»Bei Werbeaufnahmen verwendet Bischof häufig Naturformen, Blumen, Muscheln, Sand, Steine, um mit dem, was uns bekannt ist, die neuen Objekte der Werbung, Parfüms, Strümpfe, Hüte, zu charakterisieren, wobei die Verbindung beider nie einer naturalistischen Willkür überlassen bleibt. Mit seltener

Ausdauer und Gründlichkeit, mit genauen Skizzen und häufigen Versuchen bereitet er seine Aufnahmen vor, um schliesslich auch die der Realität verhaftete Photographie zu zwingen, innerhalb ihrer eigenen Technik und ohne handschriftliche Retusche die Dinge rein und in einer einheitlichen Sprache wiederzugeben.»

Neben Hans Finsler waren auch anderen, so zum Beispiel dem *Weltwoche*-Redaktor Manuel Gasser, diese Bilder aufgefallen:

«Zarte, wie aus dünnem Silber getriebene Ahornblätter, das seidige Fell von Katzen, Schattenspiele, die er auf den Rücken eines Aktmodells projiziert, Rasenstücke, Samenkapseln, und immer wieder Muscheln und Schneckenhäuser. Eine Auswahl dieser Arbeiten brachte er auf die Redaktion der im März 1941 gegründeten Bildzeitschrift *Du*, die von Arnold Kübler geleitet wurde. Kübler fand die Arbeiten Bischofs reichlich ‹graphisch› und lebensfern, aber er erkannte ihre ungewöhnliche Schönheit und publizierte sie im Dezember-Heft 1941 und im Januar-Heft 1942 seiner Zeitschrift. Ja noch mehr: bereits im Februar-Heft desselben Jahrgangs erschien der Name Werner Bischof als ‹ständiger photographischer Mitarbeiter› im Redaktionsverzeichnis des *Du*.

»Damit begann nach den Schuljahren und der Zeit selbständiger Bewährung eine dritte Periode im Schaffen des Photographen. Sie sollte vier Jahre dauern und die Wandlung Bischofs vom reinen Gegenstandsphotographen zum Reporter bewirken.»

Was Manuel Gasser, der Küblers Nachfolger werden sollte, als die vier Jahre der grossen Wandlung bezeichnete, setzte langsam, in sich überschneidenden Phasen ein. In Paris hatte Bischof sich eher an Man Rays künstlerische Photographie anlehnen wollen. Aber unter dem Eindruck der Kriegsahnung kamen ihm erste Gedanken in Richtung Reportagephotographie. «Meine Augen öffnen sich, ich lerne sehen.»

Waren es die schmerzvollen Erlebnisse im Aktivdienst, die Konfrontation mit der Normalität des Lebens oder die ersten, offenbar unglücklichen Liebschaften, welche ihn an seinem «l'art pour l'art – Konzept» zweifeln liessen? Oder waren es vielmehr die Persönlichkeit und die Vorstellungen Arnold Küblers, der Hans Finsler als Vorbild ablöste? Bischof hatte jedenfalls Glück, von den beiden überragenden Photolehrern des Landes ausgehen zu können.

Kübler erinnert sich 1954 in einem Nachruf:

«Werner Bischof kam am Anfang der vierziger Jahre, in den Weltkriegstagen, aus der Photoklasse der Zürcher Kunstgewerbeschule als Mitarbeiter zu uns. Er hatte, nach dem damaligen Stand der Dinge und nach dem Anfangsziel unserer Zeitschrift, allerlei Modesachen für uns aufzunehmen oder zusammenzustellen. Wir veröffentlichen aber auch als erste und mit allem Nachdruck, der unsere ganzseitigen Wiedergaben auszeichnet, die frühen persönlich-gestalterischen Aufnahmen unseres Kameraden, bei denen ein bestimmter Formwillen sich kleiner Dinge bemächtigte, sie in eine ornamentale Ordnung befahl, da sein Schönheitssinn sich am Unscheinbaren gütlich tat.

»Wir haben in manchen Gesprächen das vermehrte Menschenbild von ihm gefordert, es ihm vorgeschlagen. Eine Scheu war zu überwinden. Es fiel ihm schwer, dort, wo der Mensch sich eröffnet, wo Verborgenes zum Vorschein kommt, schöne oder hässliche Wahrheit aus Verstecktem bricht – es fiel ihm schwer, dann den photographischen Apparat zwischen sich und jene Menschensicht zu legen, sich vom Vorfall auf diese Weise in gewissem Sinne abzusetzen.

»Dann aber, auf einmal sozusagen, waren sie da, die Menschenbilder.»

Kübler nahm im Schweizer Bildjournalismus dieselbe pionierhafte Rolle ein wie Finsler auf dem Gebiet der Sachphotographie. Er hatte seit 1929 die *Zürcher Illustrierte* geleitet und die erste Generation schweizerischer Bildreporter, unter ihnen Hans Staub, Paul Senn, Gotthard Schuh, Ernst Mettler oder Theo Frey herangebildet und beschäftigt. Die Anstellung beim *Du* erlaubte Bischof 1942 den Umzug in ein Wohnatelier in Zürich-Leimbach, wo auch Emil Schulthess wohnte, der für die graphische Gestaltung der Zeitschrift zuständig war.

Küblers soziales und politisches Engagement teilten auch die Künstlerfreunde Bischofs, Hans Erni und Hans Falk. So ist es nicht verwunderlich, dass beim Themenheft «Der Schweizerische Arbeiter» erstmals ein Farbphoto von Bischof aufs Titelblatt kam. Das Heft zeigt ihn in Gesellschaft von Staub,

Bischofs Wohnatelier
Zürich, Schweiz 1942

Taubstumme in der Schule
von Mimi Scheiblauer
Zürich, Schweiz 1944

Modeaufnahme, Zürich, Schweiz 1941

Studie, Zürich, Schweiz 1936

Senn und Jakob Tuggener, dem grossen Aussenseiter und eigentlichen Autoren-Photographen der Schweizer Photogeschichte.

Weitere soziale Themen, die Bischof photographisch dokumentierte, folgten: April 1944 «Die Welt der Blinden» (Mimi Scheiblauers Schule), März 1945 «Flüchtlinge in der Schweiz». Das waren – in der Schweizer Presselandschaft der damaligen Zeit – ausserordentliche «Geschichten».

In diesen letzten Kriegsjahren dachte Bischof viel über sich selber nach, die Tagebucheintragungen kreisen das Verhältnis Individuum – Gesellschaft ein. «Ich glaube das ist eine unserer grössten Aufgaben, die Aufgabe unseres Lebens, alles beizutragen, dem Elend Einhalt zu gebieten und eine freiheitsliebende Zukunft zu bauen.» (Tagebuch 1945.)

Seine innere Wandlung und die Veränderung seiner Arbeit registrierte er 1944 in einer «Theorietabelle» wie als einen folgerichtigen und notwendigen Schritt von den formalen Studien der Lehrjahre zur Fähigkeit, den «bewegten Menschen» aufzunehmen:

1. Ich lerne sehen. (Eier, Pflanzen, das Gegenständliche ohne hinzutun.)
2. Das Studium des Lichts im Bezug auf räumlich-plastische Wirkung. (Hell-dunkel, Fotogramm.)
3. Als einzig Dynamisches in den Anfängen: das Tier und das Kind. (Ein Ausdruck der Hemmung, die Kamera auf den real existierenden Menschen zu richten.)
4. Gewecktes Interesse, aus dem Gegebenen mehr zu machen, als dass es dem Beschauer scheint. (Zwiebel.)
5. Die Frage der Grauskala. (Fotogramm und Linse, Rasterprojektionen.)
6. Versuche, das Gewonnene praktisch zu verwerten. (Montage.)
7. Zusammenfassende Arbeit an der Landesausstellung, Montage im Raum.
8. In der Landschaft, Architektur. Auftreten der Mängel, nicht weglassen können, was störend empfunden wird. Versuch durch Abwarten besonderer Beleuchtung, das Gewünschte zu erreichen.
9. Die ersten Versuche, den Menschen zu gestalten mit Licht und Ausdruck. Dinge, die in freier Natur nicht gelingen wollen. (Modefoto.)
10. Das wissenschaftliche Foto. Die Versuche, aus verstaubten Museumsgegenständen ein der Natur entsprechendes Abbild zu schaffen.
11. Versuche der Farbfotografie mit den heutigen Mitteln.
12. Anwendungen in der Bearbeitung einer Zeitung.
13. Das Plakat.

«Schlussfolgerungen aus dem Durchdachten und Verarbeiteten:

»Die Fotografie kann in den dynamischen Dingen ausserordentlich stark wirken, wenn die Voraussetzungen der Umgebung und des Lichts da sind.

»In all den Momenten, wo ich persönlich etwas dazu tun kann, also komponiere, wo nicht der Zufall eine Rolle spielt, da kann die Fotografie den Menschen bewusst auf das Gewollte lenken. Das ist bei Aufnahmen bewegter Menschen sehr schwer, da der Mensch vor der Kamera seine möglichst vorteilhafte Seite zeigen will, was meistens nicht von Gutem ist.

»Nun folgen die Versuche des unbemerkten Aufnehmens, die Versuche dem Beschauer durch den Ablauf von Bildern gewisse Gedanken zu vermitteln und als letztes die Verbindung von Zeichnung und Foto...»

Diesem gleichsam photographischen Entwicklungsweg entsprach sein weltanschaulicher, die gesellschaftliche Realität sollte nicht nur wahrgenommen, sie sollte auch verändert werden. Seinen Eltern beschreibt er in einem Brief vom 2. Februar 1945 seine neuen Ziele mit Begeisterung:

«Gestern und vorgestern war ein grosses Erlebnis: mit Ernst Bösiger, Hans Erni, Hans Mühlestein und Konrad Farner haben wir eine rege Aussprache, einen Gedenkabend zum Tode des grossen Menschenfreunds Romain Rolland in Basel abgehalten. Ich weiss heute, dass Kräfte da sind, die an einer besseren Welt bauen, heute noch verkannt und befehdet, morgen die Baumeister unserer Jugend. Wie Romain Rolland sagt, die arbeitende Menschheit ist der Baumstamm, aus dessen Kraft wir künstlerischen Menschen schöpfen müssen. Wir sind die Zweige, Blätter und Blüten. Gibt es keine soziale, gerechte Welt, so sind wir wie Zweige und Blätter, die abgeschnitten im Wasser eingestellt kurze Zeit leben, um zu Grunde zu gehen. Darum müssen wir alle mithelfen, diese soziale Welt entstehen zu lassen, jeder auf seinem

Gebiet... Du siehst, ich bin nicht untätig, aber finanziell geht es mir ziemlich schlecht, da ich, um intensiv arbeiten zu können, auf ‹billige› Einnahmequellen verzichten muss. Es geht vorwärts und das ist weitaus befreiender als das Materielle.»

Neben seiner Anstellung beim *Du* war er auf Nebenbeschäftigungen in der Werbe- und Modewelt nach wie vor angewiesen. Aufträge wie jene über das Gestüt von Avenches benützte er als willkommene Gelegenheit zu formalen Studien wie Bewegungsunschärfen und extremen Standpunkten. Mit seinem Freund Hans Erni teilte er nicht nur den politischen Standort. Erni erinnert sich:

«Gleichzeitig mit einer Arbeit für den ‹Gefesselten Prometheus› von Honegger – mit Ansermet im Theater von Avenches – war auch ein Besuch bei den Pferden verbunden.

»Eigentlich haben wir uns in der reinen Natur gefunden, wir haben uns beim Pferd gefunden. Und seine Naturverbundenheit ist ja weitgehend auch der Grund für die Grösse seines Werkes, seiner fotografischen Realisation. Die Einheit seiner Persönlichkeit und sein Wesen als Photograph so in einer Harmonie zu sehen, das ist eigentlich etwas vom Schönsten, was ich an Werner Bischof erlebt habe.»

Küblers *Du* war die erste ideale Publikation, in der sich Bischof jetzt verwirklichen konnte. Wie als einen Abschied von seinem Frühwerk stellte er «24 Photos» in einer kunstvollen Mappe zusammen, die mit einem Begleittext von Manuel Gasser 1946 publiziert werden sollte:

»...die 24 Arbeiten, welche Werner Bischof hier den Liebhabern schöner Dinge vorlegt, sind nicht nur die Summe seines Könnens, sondern zugleich auch ein Abschluss und Abschied. Der Mann, der oft stundenlang an einem Schneckenhaus, an einer Muschelschale schmirgelte und polierte, um den gewollten Grad durchschimmernder Weisse zu erhalten, der Mann, der sich auf die feinsten Kunstgriffe verstand, um Licht und Schatten sich gefügig zu machen, der Mann, der den leisesten und zartesten Dingen nachspürte wie nur je ein Dichter und Träumer, – dieser Mann schob eines Tages alles, was er konnte und erreicht hatte, beiseite, setzte sich in einen Jeep und fuhr in die vom Krieg verwüstete und geschändete Welt: nach Deutschland, nach Holland, nach Norditalien. Um zu photographieren. Um auf eine neue Art etwas Neues auszusagen. Bevor er sich aber diesem Neuen auslieferte, warf er einen Blick zurück auf das, was er in den 10 Jahren geschaffen hatte. Und aus den vielen tausend Bekenntnissen zu den Schönheiten einer friedlichen und behüteten Welt wählte er zwei Dutzend aus.»

Das letzte Bild der Mappe war programmatisch. Er hatte es 1945 in einem Tessiner Flüchtlingslager aufgenommen – es ist von derartiger Direktheit, dass es selbst in Küblers März-Heft keine Verwendung fand. Hans Finsler äusserte sich dazu:

«Diese Aufnahme hat Werner Bischof als eine der entscheidenden einer neuen Entwicklung angesehen, die sich in ihrer Form gegenüber den früheren Aufnahmen aber stärker abhebt, als die Aufnahmen, die er dann später gemacht hat. Er bringt sie als letztes Bild in einer Übersicht, die 1946 veröffentlicht wurde, um mit diesem Bild den Beginn einer neuen Auffassung zu zeigen. Ein Flüchtlingskind, krass im Raumausschnitt, mit der Riesenschüssel mit Suppe vorne, die fast den halben Raum einnimmt. Während der Futterhaufen zwischen dem Teller und der Mundhöhle schwebt und der Hunger fast mechanisch gestillt wird, ist in den Augen, die uns ansehen, ein anderer Hunger sichtbar.»

Bischof war beim «bewegten Mensch» angelangt – im doppelten Wortsinn.

Avenches, Schweiz 1944

**Umschlag der Mappe «24 Photos»
Schweiz 1946**

18/19 Blick vom Uetliberg, Zürich, Schweiz 1937

20/21 Kastanienwald im Tessin, Schweiz 1937

22 Überschneidung zweier Quecksilber-Wellengruppen, Schweiz 1944

23 Spinngewebe, Schweiz 1938

24 Atelieraufnahme mit Schnecken, Zürich, Schweiz 1942

25 Projektion durch eine Linse, Zürich, Schweiz 1938

26 Geigenschnecke, Zürich, Schweiz 1933-1936

27 Schneckenhäuser, Zürich, Schweiz 1941

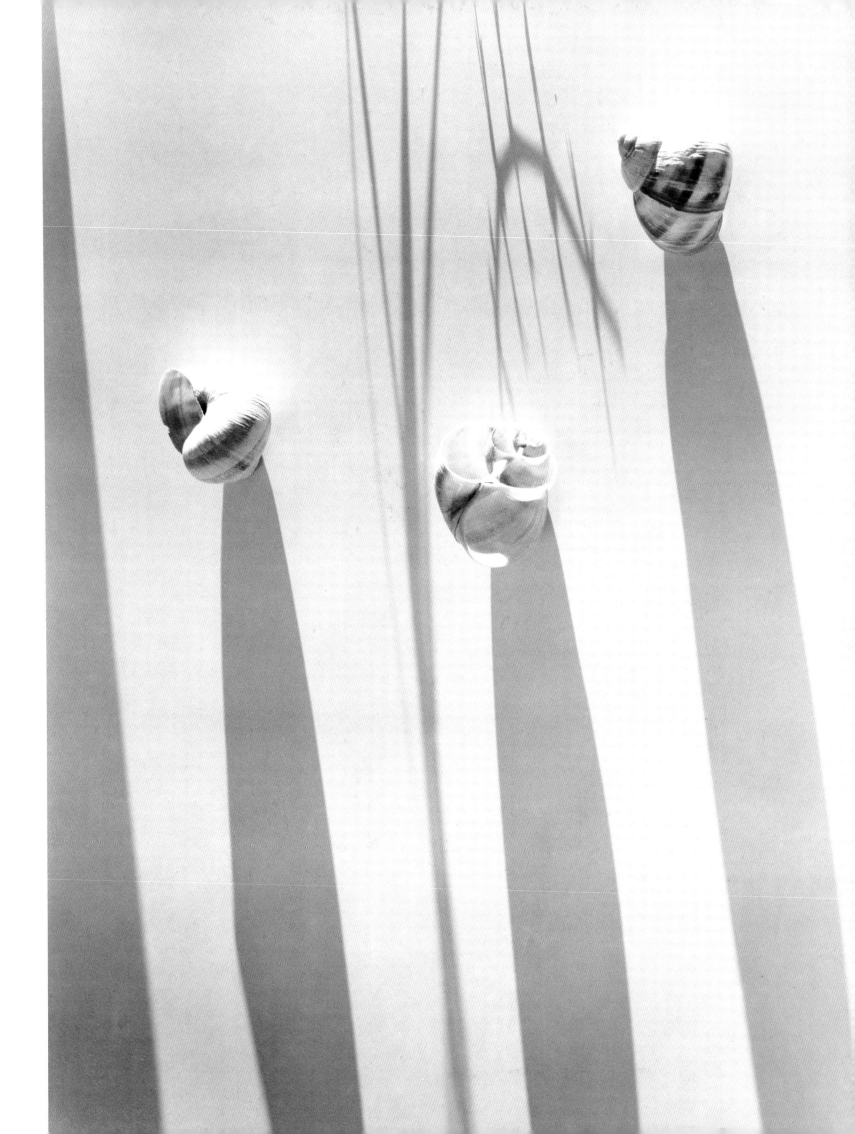

28 Liegender Frauenakt, Zürich, Schweiz 1939

29 Im Hühnerhof und Sachaufnahme, Zürich, Schweiz 1933-1936

30 Sitzender Frauenakt, Zürich, Schweiz 1942

31 Löwenzahn, Zürich, Schweiz 1934

32 Rückenakt, Zürich, Schweiz 1937

33 Wilde Rebe, Zürich, Schweiz 1935

34 Werbeaufnahme, Zürich, Schweiz um 1940

35 Modeaufnahme, Zürich, Schweiz 1941

36 Studioaufnahme, Zürich, Schweiz um 1942

37 Bauernstube, Schweiz um 1943

38 In der Taubstummenschule von Mimi Scheiblauer, Zürich, Schweiz 1944

39 Stahlarbeiter, Winterthur, Schweiz 1943

40 Italienisches Flüchtlingskind in einem Auffanglager, Tessin, Schweiz 1945

Europa nach dem Krieg 1945-1949

«Dann kam der Krieg und damit die Zerstörung meines ‹Elfenbein-Turms›. Das Gesicht des leidenden Menschen wurde zum Mittelpunkt. Ich arbeitete als Berichterstatter an der schweizerisch-österreichischen Grenze und sah Tausende, gestrandete Menschen tage- und wochenlang hinter dem Stacheldraht wartend. Kinder und Greise, im Rücken die explodierenden Granaten und rasenden Panzerwagen.

»Es trieb mich hinaus, das wahre Gesicht der Welt kennen zu lernen. Unser gutes, gesättigtes Leben nahm vielen den Blick für die ungeheure Not ausserhalb unserer Grenzen. Man gab wohl seinen Beitrag an die Hilfswerke, doch damit fühlte man sich jeglicher geistiger Auseinandersetzung enthoben.

»Nach meiner ersten Reise, Holland, Frankreich, Luxemburg, veröffentlichte die Zeitschrift *Du* meine Eindrücke – doch welch eine Entrüstung, das Titelbild mit dem zerstörten, verletzten Kindergesicht erschreckte die Menschen, die ihre Ruhe haben wollten.

»Zu Hause betrachtete ich wehmütig meine zarten Bilder, die vor dem Krieg entstanden sind, und die mir so viel Lob meiner Umwelt eingetragen hatten – aber im Geiste sah ich die hunderttausend Elenden, deren Sinne durch tägliche Nöte abgestumpft wurden und die unserer Hilfe bedurften.» (Werner Bischof, Lebenslauf.)

«Auf einmal waren sie da, die Menschenbilder.» Arnold Küblers lapidare Feststellung findet ihre Begründung in Bischofs Reiseerfahrungen: «Das Gesicht des leidenden Menschen wurde zum Mittelpunkt.»

Den ersten Eindruck von Kriegsereignissen hatte er als Militärreporter Ende 1944 in St. Margrethen, als er die Flüchtlinge hinter den Stacheldrähten angstvoll warten sah. Er schrieb seine Betroffenheit direkt auf seine Abzüge. Nach Kriegsende zog es ihn darum zuerst wieder nach St. Margrethen, weiter nach Bregenz und nach Süddeutschland in die Gegend, wo er seine Schuljahre verbracht hatte.

«Nach sechs Jahren war dies das erste Mal, dass ich wieder ins Ausland fahren konnte. Die ersten Fragen, welche man sich natürlich stellt: was soll man mitnehmen, welches sind die Verkehrsmöglichkeiten? In der gleichen Woche las ich in einem Artikel: ‹Jede Fahrt nach Deutschland heute bedeutet ein Abstossen von einer Insel mitten ins Meer mit den tausend unvorhergesehenen Dingen, man tut am besten, sich wie für eine Expedition auszurüsten.› So richtete ich mich ein, als ob ich auf gar nichts zu hoffen hätte. Auf einem Fahrrad mit einem Rucksack, einem kleinen Koffer und einer warmen Kleidung (mit Rollei und Leica), so verliess ich das ‹Festland› am 5. September bei St. Margrethen. Vor wenigen Monaten stand ich als Reporter im Militär da und erlebte die letzten deutschen Rückzugsbewegungen. Der gleiche bärbeissige, langschnauzige Schweizer Zöllner wachte immer noch beim Hauptzollamt. Eine umständliche Kontrolle: abwägen der Filme, notieren der Kameras und plombieren des Velos. Stempeln, stempeln und schreiben, dann durfte ich endlich losziehen.» (5. September 1945, Tagebuch-Eintragungen während der Reise nach Süddeutschland in die franz. besetzte Zone.)

«Dann durfte ich endlich losziehen...» Es sollten neun ruhelose Jahre werden, eine Reise folgte der anderen. Wie konnte er – meist allein – alle Strapazen bewältigen?

«Ja, ich bin mehr fort als zu Hause, aber es tut gut so. Es gibt Zeiten im Leben, wo man fliehen möchte, und da man dies nicht kann, wandert man von morgens bis abends.» (Brief an die Eltern, 12. April 1945.)

«Der nächste Ort ist Hard, nahe Bregenz. Grosse Scheunenskelette, ohne Wände, aber mit Heu. Deutsche Gefangene hocken überall herum, dann Baracken mit primitiven Kochstellen, rund herum Stacheldraht und Wachttürme mit Maschinengewehrposten. Ich grüsse ‹bonjour›, der Soldat kommt auf mich zu. Zigaretten genügen ihm nicht. Ob ich ins Lager hineinkönne? ‹Non›, da müsse ich den Kommandanten sprechen, doch der sei nicht hier. Alsdann fahre ich die immerbelebte Strasse entlang mit den ersten grossen Barackenlagern der Franzosen, mit riesigen Plakatwänden: die Propaganda der Befreier. Zerschossene Häuser, ungeheuer viel dürftig gekleidete Menschen, die irgend etwas suchen oder auf etwas warten. Sie sitzen stundenlang auf ihren Bündeln, ihren wenigen Habseligkeiten, und stieren vor sich hin.» (Tagebuch, 5. September 1945.)

Aber Bischof wollte vor allem nach Deutschland und erkämpfte sich einen Stempel für die französische Besatzungszone. Er erreichte zuerst Lindau, dann Friedrichshafen:

Grenze St. Margrethen, Schweiz 1944

Friedrichshafen, Deutschland 1945

**Freiburg im Breisgau
Deutschland 1945**

Walcheren, Holland 1945

«Bombentrichter mit Wasser gefüllt, diese kleinen Teiche, die über ganz Europa zu finden sind, alles, alles Trümmer. Der Bahnhof ausgebrannt, Lokomotiven und Wagen mit der Aufschrift ‹allied forces›, ich fahre am total verschossenen Polizeipräsidium vorbei, grau-rote und schwarze Wolken von Rauch, dahinter kein Stein auf dem anderen. Dies ist mein erster Anblick der totalen Vernichtung. In der Mitte die vollständig ausgebrannte Kirche, ein Wirrwarr von rostigem Eisen, all die Gebrauchsgegenstände, Schreibmaschinen, Kassenschränke, Bettgestelle. Ich sitze ab, stelle das Velo hin, für mich, der ich mir nie ein rechtes Bild machen konnte, weil die direkte Beziehung fehlte, ist alles überwältigend stark. Da kam eine Frau aus einer Höhle von Schutt. ‹Haben Sie Hunger, wollen Sie noch ein wenig von unserer kargen Mahlzeit essen?›, und ich ging, nicht weil ich Hunger hatte, ich wollte hören und sehen, wie Leute in diesen Trümmern leben können. Im halbverfallenen Raum zwischen Dreck und nassen Wänden stehen zwei Betten, ein elektrischer Zweiplattenkocher ist noch da und ein unbegrenzbarer Mut, von vorne zu beginnen.

»Ich kam abends nach Waldshut. Das Haus meiner Eltern ist hier, nur wenige primitive Möbel sind da, doch es ist ein Haus mit Fenstern und einem Dach. Es gibt ein reichliches Essen und ein heisses Bad, dann wie göttlich: dieses Bett. Am Morgen es ist Samstag, der 8. September, fahre ich weiter mit dem Rad, da ich erst am Montag mit Auto eine Möglichkeit nach Freiburg erhalten könnte.

»Ankunft in Freiburg im Breisgau. In der Ferne ist der Turm des Münsters von Freiburg erkennbar, dann bärtige Menschen, lässige Offiziere und schlendernde Pärchen. Grosse Orientierungstafeln, da ist noch keine grosse Zerstörung zu sehen bis nach dem ersten Tor, plötzlich hört die Ordnung auf, wie eine eiternde Wunde quillt aus einer Strasse meterhoher Dreck, Trümmer, die Menschen haben sich eine kleine schmale Gasse gebahnt. Die Strassenbahn verkehrt bis dahin, Leben, Betrieb, die Mädchen schäkern mit den Franzosen, ich denke, die haben keinen Charakter und doch ein warmes Bett, gutes Essen eventuell Strümpfe, was tut's schon.

»Am Morgen, es ist Sonntag, der 9. September 1945, streife ich durch diese ungeheuren Schuttmassen, am Münster vorbei über den einst so schönen Platz mit den alten Häusern. Alles, was links des Münsters steht, ist in Trümmern, der Kirchturm selbst ist beschädigt, die Fenster meist zerstört, in dieser verlassenen Trümmerwelt erscheint der hohe, durchbrochene Turm wie ein Phantom. Ich stolpere stundenlang, und nie hört es auf, hie und da strömen Menschen wie in einem Kanal durch diese Totenstadt. Und dann plötzlich beim Graben stösst man auf die Hand eines Toten. Noch Tausende liegen unter diesen Trümmern.»

Schon vor diesem aus eigenem Antrieb unternommenen Augenschein im kriegszerstörten Grenzland hatte Bischof erstmals daran gezweifelt, ob das *Du* noch sein richtiger Auftraggeber, sein ideales «Medium» sei. Es schien ihm zu kunstgläubig.

Im Oktober reiste er nun im Auftrag der «Schweizer Spende» nach Luxemburg, um die Wiederaufbauarbeiten des Schweizerischen Arbeiterhilfswerks zu dokumentieren, und anschliessend ins «Schweizer Spende» Spital in Meran.

Zürich, anfangs November 1945. Er startet gut vorbereitet mit seinem Arbeitskollegen und Freund Emil Schulthess in einem Auto mit der Aufschrift «Don Suisse» zur ersten längeren Bestandesaufnahme durch die Kriegswüsten von Frankreich, Luxemburg, Belgien und Holland, um von den vielfältigen Hilfsaktionen der «Schweizer Spende» und den von ihr beauftragten Organisationen zu berichten. Ausserhalb von Epinal besuchten die beiden einen amerikanisch-deutschen Kriegsfriedhof.

«Emil holt ein ‹Our leave in Switzerland› (ein 1945 von Werner Bischof, Arnold Kübler und Gottlieb Duttweiler zusammengestelltes Souvenir-Buch für amerikanische Soldaten). Ein GI möchte bezahlen, aber ich frage nach Gasoline und wir bekommen 20 l roten, guten Brennstoff, der uns mehr wert ist als alles Geld. So fahren wir mit guten Erlebnissen fort gegen Nancy.» (Tagebuch.)

«Charmes», 11. November: «Tag des Waffenstillstandes. Eine Parade, die heutigen Fahnen und die des letzten Krieges. Es hat wieder grosses Gewicht erhalten, dieses Geschrei und die Klänge der Musik, ich glaube nicht, dass die Menschen je einmal etwas aus diesem Elend lernen. Es ist einfach furchtbar, überall zu hören, dass bereits wieder eine allgemeine Welle der Rüstung zum Kampf gegen Russland zu verspüren ist.» (Tagebuch.)

Von Nancy fuhren Werner Bischof und Emil Schulthess über Luxemburg und Belgien Richtung Holland und erreichten nach einer abenteuerlichen Reise Roermond. In dieser Stadt erlebten sie, was Bischof in Friedrichshafen, Freiburg im Breisgau und Saint-Dié begegnet war und was er auch in Berlin, Dresden oder Warschau immer wieder photographieren sollte: Trümmer als Symbol für Zerstörung, Zerstörung als Symbol für Tod und Tote, die es nicht mehr zu sehen gab. Hier stiess er aber auch auf sein zweites wichtiges Nachkriegsthema, die Kinder. «Roermond ist die Endstation für heute. Ein kurzer Rundgang, stark zerstörter Kirchturm, gesprengte Brücke, daneben bereits Pfeiler einer neuen und eine Notschiffbrücke.

»...Die Strassen sind überfüllt und Kinder mit Gewehren und Helmen als Spielzeug sind nicht selten anzutreffen. An der Post, wo ich warte, kommt ein Junge mit zerrissenem Gesicht, blau-violetten Brandmalen von Splittern, ein Glasauge und einer roten Maske, das farbig-rosa Fleisch ist ein grauenhafter Kontrast dagegen. Ich gebe ihm ein Päcklein Ovomaltine.» (Tagebuch.)

Dieses Gesicht sollte noch eine besondere Rolle spielen. In Utrecht notierte Werner Bischof, nachdem er auf seiner Reise tausende von allein umherziehenden Kindern gesehen hatte:

«Man steht immer zwischen dem Schein und dem Sein. Das heisst wir sehen aus wie Leute aus reichen, fernen Landen und bewegen uns durch eine Masse von grauen, dunklen Gestalten. Wir erhalten Nachricht über die unbedingte Inschutznahme von 5000 Kindern, teils kriminelle, ohne Eltern. Warum können nicht alle teilhaben an den guten und schönen Dingen?»

Nach einem Abstecher nach Rouen kehrten Bischof und Schulthess Ende Dezember via Amsterdam, Den Haag und Rotterdam mit vielen unauslöschlichen Bildern im Kopf und historischen Dokumenten im Gepäck in die Schweiz zurück. Die Frucht dieser Arbeit war die Mai-Nummer des *Du* 1946, in dem sich fast ausschliesslich Bischof-Photos befanden. Das Gesicht aus Roermond hatte Kübler aufs Titelblatt gesetzt. Das war – ausgerechnet für einen Arzt – zuviel. Er wünschte sich «schöne Kunstreproduktionen», wie andere auch. Kübler musste sich rechtfertigen:

«Unser Titelbild war eine Art Test fürs Schweizervolk. Ein Volksbefragungsbild. Alle jungen Menschen haben ihm zugestimmt, sie haben dessen rücksichtslose Offenheit und Wahrheit anerkannt, viele unentwegte Umstürzler und Verbitterte lasen beifällig den Vorwurf heraus, den das Bild an eine Gesellschaft richtet, welche Menschen in diesen Zustand gebracht hat. Sehr viele Frauen wendeten sich heftig ab. Es ist schwer zu sagen, was im einzelnen bei jener Abwehr im Inneren der Betroffenen vor sich ging. Es gibt auch in solchen Fällen eine Oberflächen- und eine Tiefenwirkung, die oft verschieden sind. Den Vorwurf der Geschmacklosigkeit nehmen wir auf uns. Das Schreien des Unglücklichen war noch nie nach dem Geschmack des Bewahrten. Geschmack? Was ist das? Was ist er vor der Wahrheit, der Liebe, dem Opfer?»

Ob die vom Verlag Conzett & Huber geplante Herausgabe eines «Europäischen Fotobuches» über die Auswirkungen des Kriegs daran scheiterte? Der Bischof so wohlgesinnte Verlagsleiter Alfred Herzer hatte nämlich schon am 1. Februar 1946 eine Vereinbarung unterzeichnet, wonach «der Mensch und sein Verhalten in dem entstandenen Chaos miteinzubeziehen» seien, fehlende Farbaufnahmen nachzuholen und weitere Reisen «in erster Linie nach Jugoslawien, Polen, und Norwegen» zu planen seien. Die Firma stellte Bischof weiterhin den «Wanderer»-Wagen und die «Devine»-Farbkamera zur Verfügung.

Aus diesem Projekt resultierte die grosse Osteuropa- und Skandinavien-Reise, die er im Sommer 1947 begann und je eine *Du*- und eine *Atlantis*-Sondernummer ergab.

Im Februar 1946 war Bischof erstmals in Wien gewesen, April-Mai in Heidelberg, Frankfurt, Mainz, Essen, Düsseldorf, Köln, Aachen, Hannover, Hamburg, Berlin, Leipzig, Dresden und Halle. Auf dem Gelände des Reichstags lagen noch immer Helme herum, während bereits wieder 1. Mai-Plakate angeschlagen wurden.

Auf der Heimreise hat Bischof einen Teil seiner Photos verloren – war auch das Tagebuch dabei? Diese wohl wichtige Reise, von der wenigstens einige Negative und Kontaktbogen erhalten sind, blieb vollständig

**Freiburg im Breisgau
Deutschland 1945**

Bischofs Wagen, Italien 1946

Layout-Skizze von Werner Bischof
zum *Du*-Heft, Mai 1946

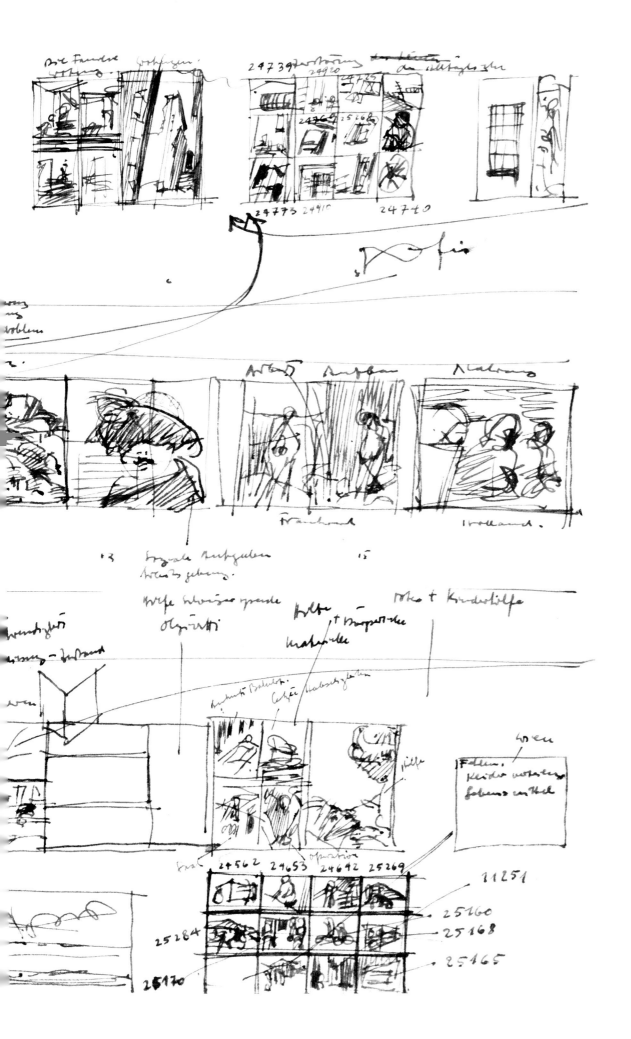

Titelblatt *Du*, Mai 1946
Roermond, Holland

Bei Den Haag, Holland (*Du*, Mai 1946)

Nancy, Frankreich (*Du*, Mai 1946) **Wien, Österreich (*Du*, Mai 1946)**

unkommentiert. Nur der Schlafsack, den er in Leipzig vergessen hatte, der wurde ihm nachgesandt...

Bereits im Juli brach er zu einer Rundreise durch Italien auf. Er besuchte viele Orte, wo die «Schweizer Spende» tätig war, insbesondere die Gegend um das total zerstörte Kloster Monte Cassino. Er kam bis Neapel und machte auf der Rückreise in der Toscana Halt. Nach der grauen, verregneten Holland-Reise muss er aufgeatmet haben: er begann wieder intensiv zu zeichnen. Erst im September kam er nach Hause, um am 19. Oktober bereits wieder Richtung Süden zu starten, diesmal mit Griechenland als Ziel. Bischof fuhr mit einem «Vauxhall».

Er beschreibt diese Fahrt in seinem Tagebuch:

«...in Como auf der Autobahn, es stürmt, es ist neblig und schüttet, dass der Scheibenwischer hin und her fuchtelt. Peng – er funktioniert nicht mehr! Mit vorgeschobenem Kopf, die Nase fast an der Fensterscheibe, rase ich mit 80 km/h Mailand entgegen. (...) Schon rollt der Wagen über das schlechte Pflaster dem grau-schwarzen Kanal der Via Watt 39 (Asilo Italo-Svizzero) entgegen. Zorro, der Hund, gibt zuerst an, dann ein Licht, nein, die Signorinas sind alle fortgegangen. Um 22 Uhr kommen sie wieder. Irgend etwas hat die Bremse am linken Vorderrad blockiert, ich glaube der Regen; durch das emporspritzende Wasser wurden die Gelenke festgeklemmt, da es eine mechanische Bremse ist. Boggeri ist zuhause, wie immer sehr zuvorkommend, wir besprechen noch einmal die Sache mit dem Buch und ich fahre wieder an die Via Watt. Noch nichts, aber fünf Minuten später kommen zwei Mädchen auf das Tor zu. Die jüngere schaut lange auf den Wagen, es sind beide Neue, Unbekannte, aber sehr, sehr nett. Ich kann wieder im Ärztezimmer schlafen.»

Eine dieser «sehr, sehr netten» jungen Frauen ist Rösli Mandel aus Zürich (die Tochter des in der Schweizer Arbeiterbewegung sehr aktiven Exilungarn Moses Mandel), ihrerseits auf der Durchreise nach Rimini, wo sie eine Stelle in einem Kinderheim antrat. Es war eine schicksalshafte Begegnung. Rosellina:

«Als wir uns in Mailand das erste Mal begegneten, sagte ich ihm: ‹Ich dachte, Sie hätten einen Bart und wären ein gesetzter Herr.› Ich kannte ihn bis zu diesem Moment nur dem

Rouen, Frankreich (*Du*, Mai 1946)

Meran, Italien (*Du*, Mai 1946)

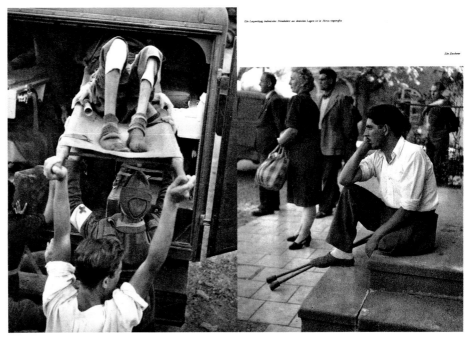

Skizzen im Tagebuch
Griechenland 1946

Préveza, Griechenland 1946

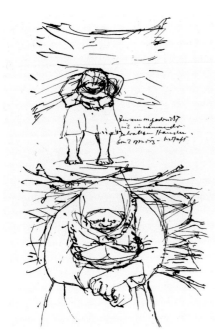

Tagebuch, Griechenland 1946

Namen nach... Viele meiner Freunde hatten mir von ihm erzählt. Umso mehr erstaunte mich der Anblick dieses jungen Mannes.»

Sie sollten sich erst sieben Monate später wiedersehen.

Während er in Genua auf die Einschiffung wartete, machte er sich im Hotelzimmer Gedanken, die von nun an immer wiederkehren sollten. Jetzt, da er einen Barackentransport begleitete, kam ihm die materielle Hilfe allein plötzlich ungenügend vor. Es sollte auch das Bewusstsein für die lähmende Tatsache geschaffen werden, dass «überall, tagtäglich, zu jeder Zeit, in allen Ländern die gleichen Probleme auftreten», und trotzdem etwas dagegen unternommen werden muss.

Wie viele andere Tagebucheintragungen zeugen auch die Passagen über das mit Spannung erwartete Auslaufen des Schiffes von Bischofs intensiver und sinnlicher Wahrnehmung der Aussenwelt:

«Es bläst ein ganz kalter Wind am Hafen unten, ganz aussen beim Leuchtturm liegt das Schiff ‹Vorios Hellas›, am Heck die griechische Fahne. Eine recht glückliche Stimmung umfängt mich, ist es doch die erste Seefahrt, und was gibt es nicht alles so auf einem Kahn zu sehen. Er hat ein wenig die Form eines alten Bügeleisens mit Kohlenheizung, nur der Handgriff fehlt noch, dafür eine Unmenge von Drähten. Grau, verwaschen und recht geheimnisvoll ist er von unten anzusehen. Zwei grosse Kräne heben Ladung auf Ladung von Zuckersäcken, Kondensmilch und zerlegten Baracken aus den Eisenbahnwagen ins Innere des Frachters.

»Dann kam der letzte Abend, es war schon nach Mitternacht: beim Verladen meines Wagens stürzte ich rückwärts zwischen Pier und Schiff ins Meer. Tropfnass, mit salzigem Geschmack auf den Lippen, zogen sie mich heraus, wir gingen nach dieser glücklich verlaufenen Taufe noch einmal in die Stadt.»

Am 3. November um 9.35 Uhr – Bischof vermerkte den Zeitpunkt genau – wurden die Anker gelichtet.

Préveza, Griechenland:

«Alles ist neu: offene Feuer mit kleinen Spiesschen, herrlich duftend. Strohstellen und rund herum Fässer von Wein.»

Doch die Stimmung verschlechterte sich bei der Ankunft in Ziros, wo die Baracken aufgestellt werden sollten.

«Das Baumaterial der Baracken liegt wie ein scheinbares Durcheinander in der halbsteppen- und urwaldartigen Landschaft. Ich ziehe andere Schuhe an, helfe mit an der Organisation der Verteilung der verschiedenen Bauelemente. Die Fundamente sind zum Teil bereits erstellt. Ein Dreck, der das Gehen und Arbeiten sehr erschwert. Die griechischen Arbeiter, zum Teil im jüngsten Knabenalter, mit der bedenklichsten Kleidung, hausen in grossen Zelten der Schweizer Armee. Manche Hose besteht nur aus Flicken und die Schuhe sind schon nicht mehr als solche zu erkennen. Eine unförmige Masse von Leder und Lumpen. Dass dieser Zustand die Arbeitslust nicht fördert, ist nur begreiflich. Sie stehen da, glotzen uns an und warten, bis man etwas von ihnen will, von selber etwas zu tun kommt nicht in Frage.»

Bischof verliess das für Waisenkinder erstellte, 34 Baracken zählende Dorf Ende November Richtung Athen, wo er – welch ein Kontrast – an einem strahlenden Morgen gleich die Akropolis suchte. Doch spürte er jetzt starkes Halsweh, am Abend hatte er hohes Fieber und suchte einen Spital auf: Diphterieverdacht. Erst kurz vor Weihnachten konnte er das Krankenhaus verlassen.

Die Akropolis hat er dann doch noch gefunden – und fast so «klassisch» photographiert wie die Gebrüder Boissonnas um die Jahrhundertwende, und in Delphi machte er Aufnahmen vom wunderbaren Dunst zwischen den Säulen des Apollotempels und dem dahinterliegenden Bergrücken: «Recht unbefriedigende Brotarbeit, aber die Amerikaner werden es schnappen, auch das *Du* ist dafür zu haben. Das gefällt den Leuten.»

In der Griechenland-Nummer vom Juli 1947 schrieb er die Kommentare selber: «Seit Tagen beobachte ich das Knie der Karyatide, sehe, wie die Form, die nach vorn rückende Helligkeit, sich bei ihrer weiter hinten stehenden Schwester dunkel wiederholt.»

Nach einer zweiwöchigen Rundreise auf dem Peloponnes schiffte er sich am Sonntag, 2. März in Athen wieder Richtung Genua ein. Sein Fazit war kritisch:

«Arbeit, ob intellektuelle oder handwerkliche, wirklich wahre Arbeit ist befreiend und glückbringend. Diese verfluchten Büros hingegen, diese Beamten mit ihrer teuflischen Macht: Fünfzig neue Wagen für die Minister, und das Volk hat nichts zu fressen. Die Wissenschaft arbeitet ohne Mittel in kalten Zimmern, ohne die notwendige materielle und menschliche Hilfe. Die Krankenschwestern arbeiten in staatlichen Hospitals für Hungerlöhne und in den Strassen fahren die supermodernsten Wagen und ihnen entsteigen Menschen, die in den teuersten Gaststätten dinieren. Das Kriegspalais ist bewacht, das Ministerium ist bewacht, alles ist verborgen hinter der staatlichen Bewachung. Dass Griechenland nicht zum zweiten Spanien werde, ich hoffe es. Die unheilbringende Kolonialpolitik der Engländer kann diese Gefahrenmomente bedeutend erhöhen, viel mehr als die Partisanen in den Bergen, denn mir scheint, dass diese Leute weniger Kommunisten und von fremden Mächten ausgebildete Truppen sind als die Unzufriedenen des Landes, die den einzigen Ausweg des Maquis begehen. Die Clique des Königs beherrscht das Feld, und wenn einige Jahre vergangen sind, erinnert sich niemand mehr der Hilfe der Schweiz. Die kleinen Häuschen am See von Ziros und in den Bergen von Tokras geraten in Vergessenheit. Ich jedoch hoffe, dass die Kinder den Geist von Pestalozzi verspüren und die freiheitsliebenden Gedanken der Demokratie im Herzen tragen.» (Tagebuch.)

Neben seinen Skizzen in den Tagebüchern fanden sich auch in seinen Briefen viele Zeichnungen. Immer mehr Post trug die Adresse: «Signorina Rösli Mandel, Asilo Italo-Svizzero, Rimini, Italia». Es entwickelte sich ein rege Briefverkehr.

In Zürich erwarteten ihn gute Nachrichten, denn neben der New Yorker Agentur «Black Star» hatte sich erstmals auch die grösste Bildillustrierte der Epoche, *Life*, beim *Du* für seine Bilder interessiert. Bereits im August 1945 hatte Werner Bischof seine redaktionelle Mitarbeit aufgegeben. Da er sich seit der umstrittenen «Kriegs»-Nummer vom Mai 1946 mit dem Verlag nicht nur um Inhalte stritt, sondern auch rechtliche und finanzielle Probleme hatte, kam ihm das Angebot, jeden Monat vierzehn Tage für *Life*-Paris zu arbeiten, gerade recht. Daraus wurde jedoch vorläufig nichts.

Wie als einen persönlichen Dank an die «Schweizer Spende», die ihm mehr als das *Du* diese ersten Reisen ermöglicht hatte, gestaltete er mit dem Berner Graphiker Adolf Flückiger die Wander-Ausstellung «So helfen wir». Aus einer Besprechung:

«Gleich am Eingang der Ausstellung empfängt den Besucher eine riesige Photomontage, welche noch einmal das Bild von 1944 kaleidoskopartig darstellt: Hunger – Kälte – Krankheit – Tod.

»Aufbau und Anlage verraten Landistil. Da ist nichts von ermüdender Statistik, von einer endlosen Aufzählung einzelner Aktionen zu sehen. Die Aussteller haben es verstanden, in der Beschränkung Meister zu sein. Sie haben aus der bald dreijährigen Wirkungszeit der ‹Schweizer Spende› einige der wichtigsten Aktionsgebiete herausgegriffen und auf zahlreichen Panneaus anschaulich dargestellt. Besondere Erwähnung verdient das hervorragende Bildmaterial, das zu einem grossen Teil von Werner Bischof, Paul Senn und Theo Frey stammt.»

Endlich dann, Ende Mai, ein Wiedersehen mit Rösli Mandel in Rimini. Anschliessend zwei Kunstreisen nach Venedig und Pisa. Ob sich da schon das Gespräch um die grosse Osteuropa-Tour drehte, um jenen noch fehlenden Teil des alten Europa-Buch-Konzepts?

Was war es eigentlich, das Bischof bewog, vom Sommer 1947 bis Herbst 1948 Ungarn, Rumänien, die Tschechoslowakei, Polen und Finnland zu besuchen, meist allein unterwegs, ohne Sprachkenntnisse in Länder zu fahren, die im politischen Umbruch standen? Der Reiz des Ungewissen? Die Neugier, die sozialistischen Ideale in ihren praktischen Folgen zu prüfen? Die Motivation jedenfalls muss unerschöpfbar gewesen sein.

Er war sich bewusst, dass es eine «kritische Reise» geben würde. «Ich wollte mich nicht gewissermassen im Schnellzugstempo durch die Länder bewegen, andere Leute sprechen hören, auf den verschiedenen Pressebureaus die bereits vorliegenden Berichte einsammeln und zu Hause ein Extrakt mit den wenigen eigenen Beobachtungen brauen. Diese Art von Berichterstattung ist heute schon recht häufig geworden, sie spart Zeit und Geld. Dazu kommt noch, dass man das ‹Fehlende› (gemeint ist natürlich das, was der Leser gern hat) dazufügt. Also sind viele der heutigen Berichterstatter zu modernen Märchenerzählern geworden.

»Diese Überlegungen und die wachsende Unruhe eines Eingeschlossenen bewog mich

**Werner Bischof
auf der «Vorios Hellas» 1946**

Ziros, Griechenland 1946

**Plakat zur Ausstellung
der «Schweizer Spende», Schweiz 1947**

**Überschwemmung der Theiss
Ungarn 1947**

zum persönlichen Erlebnis. Einen Zeittermin hatte ich mir keinen gesetzt, mir schien es richtiger zu sein, aus der Fülle des Stoffes das Notwendige zu schöpfen und dann weiter zu wandern. Gewiss, es gab Regierungen, die für solches Reisen kein besonderes Interesse zeigten und die Verlängerung der Visa ablehnten. In engster Zusammenarbeit mit der ‹Schweizer Spende› wurde es mir möglich, Einblick in das Leben der Bewohner der Ostländer zu bekommen und ich darf wohl sagen, dass für beide Teile Positives entstand.»

Kein Schnellzugstempo also. Das Tempo diktierte vor allem auch das Auto, dann das Wetter, dann die Verkehrsverhältnisse. Für die wenigen Male, die Bischof kurz in die Schweiz zurück kam, deponierte er den «Vauxhall» in Unterständen. Eine Impression, stellvertretend für viele:

«Rumänien, Moldau, im November 1947.
»Die Nacht hat alles überdeckt, nur Geräusche und aufleuchtende Zigaretten sind zu unterscheiden. In der Nähe müssen einige Hütten sein, es ist eine trostlose Situation, bei diesem scheusslichen Wetter irgend an einem kleinen Ort stecken zu bleiben. Ich rufe die Vorübergehenden um Hilfe an, es scheinen Russen zu sein, doch Regen und Wind und die lauten Stimmen der Soldaten lassen meine Worte ungehört. Noch etwa zwanzig Kilometer sind es bis Focşani, soviel ist auf der Karte zu erkennen. Zwei Stunden später, gegen neun Uhr, war dieses Schlammbett zu Ende und ich fuhr auf wackeligen Pflastersteinen ins Innere der Stadt.»

Es hatte ganz harmlos begonnen: «Am 28. Juli 1947 Zürich ab, unheimliche Hitze – bis Meilen, dann Baden im Hüsli von Trudel. Fahrt bei kühler Abendtemperatur über den Ricken bis Ebnat-Kappel. Hotel Ochsen.» Die Namen sollten sich bald ändern, die Hotels ganz fehlen. Auf dem ersten Abschnitt wurde Bischof von Gret Hess, die als Berichterstatterin für das «Rote Kreuz» arbeitete, über St. Anton, Linz und Wien bis Ungarn begleitet: In Ungarn besuchen sie Budapest, wo gerade Wahlen stattfanden, Debrečen, Csepel, das Zigeunerdorf Budry, das Kinderdorf Hajduhadhaza. «Wie die weissgeputzten Zähne liegen die Häuschen da, davor eine olivfarbene Wiese, von der Sonne verbrannt, ein paar Wäschestücke, ein paar farbige Lumpen. Den Weg müssen wir uns mit Zigaretten bahnen.»

Erste politische Enttäuschungen:
«Die tagtäglichen kleinen Ungereimtheiten müssen zu einem grossen Schmutzhaufen führen. Wenn das Wohlfahrtsministerium Büchsenmilch der ‹Schweizer Spende› für Wahlpropaganda der KP benutzt, ist das ein krasser Verstoss gegen den wahren Sinn der Hilfe und also ist es nicht richtig, die Plakate nur einer Partei an den Wänden, den Bäumen zu befestigen... Auf die Frage warum, sagt Adam (Leiter des Kinderdorfes), er habe die künstlerisch am wertvollsten ausgesucht. Dazu ist nur zu sagen, die Plakate der SP waren allen KP-Plakaten bei weitem überlegen.»

Im November befand er sich in Bukarest und schreibt dort an Rösli nach Rimini: «Ich sehe auf der Karte, dass wir nun wieder auf dem gleichen Meridian sind.» Nach Besuchen von Galati und Iasi feierte er Weihnachten allein in Budapest und notierte in sein Tagebuch:

«Wir sind weit vom Frieden entfernt.» Und seinem Vater schrieb er: «Etwas verstehst Du nicht, mein lieber Vater, dass ich diese Reisen nicht aus Sensationsgier mache, sondern um menschlich eine vollständige Wandlung zu erleben. Du sagst, es sei nun an der Zeit, zurückzukehren und eine friedlichere Arbeit zu beginnen. Papa, das kann ich nie mehr, ich kann nicht mehr schöne Schuhe aufnehmen... Ich werde nach Weihnachten Budapest verlassen und über Prag nach Polen fahren, dort ist die Not mindestens so gross und dieses Land darf nicht fehlen.»

Weder Friede noch friedliche Weihnachten, man stritt sich auf dem Schwarzmarkt selbst um Christbäume. Grosse Not herrschte an der ukrainischen Grenze, wo die Theiss über die Ufer trat.

Weil er keine Visa für Polen erhalten hatte, machte er Ende Januar 1948 in St. Moritz seine erste Reportage für *Life* – über die Olympischen Winterspiele. Im April begab er sich erneut nach Osteuropa. Welcher Kontrast nach der Mondänität von St. Moritz! In Budapest holte er sein Auto ab und traf am 1. Mai in Prag ein. Dort notierte er in sein Tagebuch:

«Am 25. April verliess ich Budapest schweren Herzens, sind es doch 15 Jahre her, seit ich in irgend einer Gemeinschaft gewohnt habe. Ich habe nach vielen Jahren wieder zum Pinsel gegriffen, um mit grosser Freude in einem

Waisenhaus Licht und Naturbeobachtungen an die Wände zu malen. Wie schön die Kinder teilnehmen, wenn auch manchmal ein Eichhörnchen nicht so herauskommt, wie ich es mir wünsche.»

Dieses Erlebnis machte ihn wieder einmal auf die beschränkten Möglichkeiten der Kamera aufmerksam und er wünschte sich «die freie Hand, ganz nach meinem Willen zu gestalten». «Das Bild eines zerfallenen Hauses mit einem bettelnden Menschen davor ist noch lange nicht der Gesamtausdruck einer Stadt, so wenig wie ein persönliches Erlebnis verallgemeinert werden kann. Wenn ich mir überlege, wie unobjektiv eine Photo unter Umständen ist, dann bin ich geneigt zu sagen, dass das Bild eine genau so falsche Funktion ausüben kann wie das Wort, je nachdem, in welchem Zusammenhang und mit welcher Absicht es gebraucht wird.»

In der Tschechoslowakei wurden nach den von den Kommunisten gewonnenen Wahlen eben die Denkmal-Figuren ausgewechselt. Auf den Staatsgründer Masaryk folgte nun Lenin.

Im Kinderdorf Otwock in Polen verweilte er wieder länger – auch wegen einer schönen und zudem «echten» Prinzessin. Katowitz, Auschwitz, Krakau folgten, im Juli war Bischof in Warschau, im August setzte er von Danzig auf der «Mira» nach Helsinki über. Nach all der Misere atmete er in Finnland auf, an «wunderbaren Seen» und unter «prächtigen Menschen». Und dort hatte ihn folgenschwere Post aus Paris erreicht.

«Ich habe den Vertrag von MAGNUM in Händen. Das ist eine Agentur (auf genossenschaftlicher Basis) von Photographen – der Besten der Welt: Capa, Henri Cartier-Bresson, Chim und Rodger. Was mir wichtig erscheint, dass alle zuverlässige und sozialistisch gesinnte Menschen sind. Zwei davon waren im Spanischen Bürgerkrieg. Es sind zu freie Menschen, um sich an eine Zeitung fest zu binden.» (Brief aus Helsinki an Rösli Mandel, 9. September 1948.)

Als eine Art Belohnung machte er sich auf zu den Lappen, unter denen er sich – selbst schon ein Nomade – so wohl fühlte wie unter den ungarischen Zigeunern:

«Rovaniemi, 25. Oktober 1948. Der Morgen war eisig kalt, alles weiss, über 22°C unter Null. Ich ging allein hinauf in die Berge. In der Mulde stieg blauer Rauch in den kalten, leider leicht bewölkten Himmel. Ein Zelt, zwei Hunde.

»Im Zelt eine Lappenfrau und ein blondes Mädchen. Rentierfelle und sonstige wärmespendende Decken um das Feuer, doch was mir am meisten auffiel: ein Jahreskalender. Das ist die fortschreitende Kultur. Ein alter, recht buntfarbiger Lappe hackt Birkenstämme. Ich frage: wo sind die ‹Toros› (Rentiere)? Oh, weit, meint er. Ich stehe über den Sträuchern und horche auf alle Seiten, weit vor mir liegt schneebedeckt ein Hügelzug, am Horizont erkenne ich einige Felsen und denke gerade, da oben können sie nicht sein, da gibts nichts zu fressen. Aber da bewegt sich, gleich wie das Nordlicht, eine schleichend sich verschiebende grauerdige Masse, wird dünkler, langgestreckt, zart und breit, ich höre das Gekläff der Hunde, wirklich, die Herde rast von den Bergen. Kaum zehn Minuten sind vorüber, da sind sie vor mir, vorn ein Lappe, ein weisses schönes Tier führend, und dahinter eine grosse Zahl der gehörnten Tiere. Ein feiner Schneeschleier liegt über der Herde, die Hunde jagen die Einzelgänger zum Gros zurück und zuletzt kommen mit langen Stöcken und schaukelnden Röcken die Lappen. Man muss ordentlich laufen, um der Herde folgen zu können.»

Heimweg: Stockholm, wo ihn ein «Film der heutigen Zeit, ‹Paisà› von Rossellini» bewegte, Kopenhagen mit Manets «Absinth-Trinker», Hamburg, noch immer als Ruine. Und eine Begegnung mit Anna Simons:

«Wie wundervoll gütig und zuversichtlich sie spricht, ihre grauen Haare, ihre weitsichtigen Worte (gegen die Wiederentstehung Deutschlands... gegen die Arroganz der Wirtschaft...)» aber auch: «Die Jugend interessiert sich für nichts.» Auch Bischof bemerkte jetzt «nur Tanz, Kleider und Liebschaften, kein Sinn für Tieferes». Besuch in Waldshut: «Mein Vater lebt abseits der grossen Geschehnisse und setzt sich nicht mehr auseinander.»

Das Europa-Buch kam nie zustande. Die meisten Aufnahmen sind weder vergrössert noch publiziert worden. Bischof vermutete Angst vor «Neutralitätsverletzung». Besonders geärgert hat ihn die Plazierung von «drei kleinen Schokoladenbildchen» in der Weihnachtsnummer von Du unter dem Titel: «Hinter dem Eisernen Vorhang». Kübler entschuldigte sich mit Überlastung und bot ein Heft an,

Rösli Mandel im Asilo Italo-Svizzero Rimini, Italien 1947

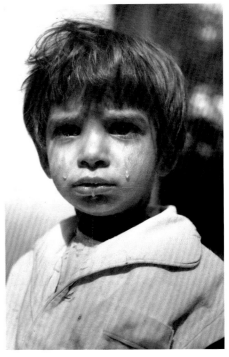

Im Kinderdorf Hajduhadhaza Ungarn 1947

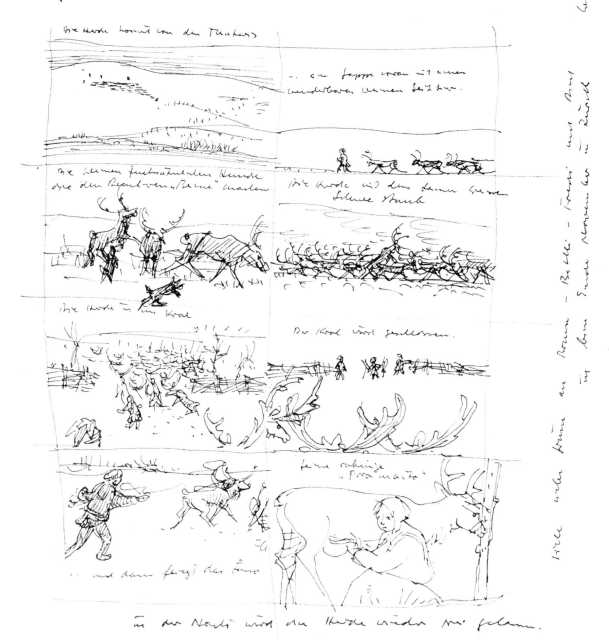

Brief an Emil Schulthess
Rovaniemi, Finnland 1948

was Bischof «als momentan einzige Möglichkeit» akzeptierte. Sosehr er seit 1945 den *Du*-Stil mit dem randabfallenden Einzelbild als zu «kunstvoll» kritisierte und ihm eine modernere Bildillustrierte für seine Reportagen nun mehr entsprochen hätte, ist jenes Juni-Heft ein eindrückliches Zeugnis seiner Anstrengungen. «Ich wollte gewissermassen abseits der grossen Worte, nahe beim Volk, beim einfachen Menschen verweilen» – diesen Wunsch hatten Arnold Kübler und Emil Schulthess in idealster Weise realisiert.

Kübler wusste sehr wohl um die hohen Ansprüche seines «Schülers» und verfasste in seinem Nachruf von *Du* No. 12, 1954, ein lebendiges Portrait:

«Er war jung, hochgewachsen, verschmähte die herkömmliche, bürgerliche Männerkleidung, hasste Kragen, und ich habe ihn nie in einem Hut gesehen, er trug den Kopf hoch, war gelegentlich hochmütig den Abnehmern des Geschaffenen gegenüber, ein Hochmut, der aus dem Ernst seiner Bemühungen kam. Unzufrieden mit dem Gebaren der Grossen und mit den Einrichtungen der Herrschenden und Mächtigen.

»Er hat es übel aufgenommen, wenn die photographierte, unerfreuliche Wahrheit von Zeitungsredaktionen oder anderen Abnehmern verbessert, aus zweitrangigen Rücksichten abgeschwächt, den Lesern zuliebe verniedlicht wurde, er konnte nach solchen Erfahrungen die weitere Mitarbeit ein für allemal ablehnen. Er suchte nicht das Böse in der Welt, aber er stellte sich ihm, ohne darüber das Schöne unter den Menschen oder Dingen zu vernachlässigen. Immer wieder strebte er von der Berichterstattung über lauter Vorfälle weg ins Reich des stillen Schönen, immer blieb der Former in ihm wach, der sich uns zuerst gezeigt, der inzwischen aber gewachsen und persönlicher geworden war. Wir sind in unseren Bevorzugungen im Reich der Bilder, sind mit unseren redaktionellen Gestaltungen mehr als einmal hinter seinen Ansprüchen zurückgeblieben oder haben bewusst ihnen entgegengehandelt; alle Streitgespräche führten uns am Ende zusammen und weiter. Wir haben ihm mit unseren Heften zu Gestaltungsmöglichkeiten und weiterer Wirkung verholfen. – Er hat uns bereichert.»

Das «Osteuropa»-Heft war ein würdiger – wenn auch kein endgültiger – Abschied vom *Du*. Die Finnland-Story erschien als Sonderheft bereits in *Atlantis* (Februar 1950). Doch die Schwierigkeiten mit den Redaktionen blieben: «*Life* machte im Dezember 1949 aus Osteuropa ‹Iron Curtain Countries›. Elf Seiten Photos, aber ganz schlimme ‹Kalte Krieg› Texte.»

Schon am 25. Juli hatte er MAGNUM provisorisch eine Zusage gegeben, aber man musste ihn am 18. November nochmals bitten und die Offerte machen, als «shareholder» neben den Gründungsmitgliedern Robert Capa, Henri Cartier-Bresson, David Seymour (Chim) und George Rodger zu firmieren. Die schlechten Erfahrungen mit *Life* vereinfachten die Entscheidung zum Eintritt in eine unabhängige Gruppe engagierter Photographen.

Abschied vom *Du* – Abschied von der Schweiz. Seit Sommer 1949 führten ihn die englische Blätter *Picture Post*, *Illustrated*, und *The Observer* als ständigen Mitarbeiter.

«Das Leben ist teuer, aber ich werde erstaunlich gut bezahlt und die Leute reissen sich um mich.» (An die Eltern, London, 18. Juni 1949.)

Und noch ein Abschied – vom Junggesellendasein: Im Frühling war Rösli Mandel nach dreijähriger Lehrtätigkeit in einem Kinderheim in Rimini nach Zürich zurückgekehrt, am 8. Dezember war die Trauung. Und Frau Bischof nannte sich nun Rosellina – für die MAGNUM-Leute und Photographen in aller Welt und als Erinnerung an Italien. Im Juni 1950 wurde der Sohn Marco geboren, im Herbst erschien das vielgelobte Buch «Mutter und Kind» (herausgegeben vom Migros-Genossenschafts-Bund).

Bischof, 1948: «Da ist der Osten auf der einen Seite – dort steht der Westen, beide Mächte mit grossen Problemen in jeglicher Form. Wenn es mir gelingt, diese in und mit den Kindern zu schildern, dann werde ich eine rein soziale und gleichzeitig europäische Arbeit zustande bringen.»

Der private und der gesellschaftliche Kreis hatte sich geschlossen. Die Welt stand für Werner offen.

Finnland 1948

58

58/59 Reichstagsgebäude, Berlin, Deutschland 1946

60 Köln, Deutschland 1946

61 Dresden, Deutschland 1946

62 Berlin, Deutschland 1946

63 Friedrichshafen, Deutschland 1945

64 Dresden, Deutschland 1946

65 Berlin, Deutschland 1946

66 Berlin, Deutschland 1946

67 «Trümmerfrauen», Berlin, Deutschland 1946

68   Freiburg im Breisgau, Deutschland 1945

69   Berlin, Deutschland 1946

70 Warschau, Polen 1948

71 Maastricht, Holland 1945

72 Aufbau der Baracken, Ziros, Griechenland 1946

73 Karyatiden, Akropolis, Athen, Griechenland 1947

74/75   Dorfplatz in Aiyion, Griechenland 1947

76   Venlo, Holland 1945

77   Kriegsbedingte Überschwemmung, Walcheren, Holland 1945

78/79 Arbeitsuchende in Rouen, Frankreich 1945

80/81 Saint-Dié, Frankreich 1945

82 Castel di Sangro, Italien 1946

83 Monte Cassino, Italien 1946

84

86

84/85 Kinderzug des Schweizerischen Roten Kreuzes, Budapest, Ungarn 1947

86/87 Budapest, Ungarn 1947

88/89 Bettler in Homoród, Rumänien 1947

90/91 Neubauernfamilie bei Debrečen, Ungarn 1947

95

92/93 Bauernschenke in der Puszta, Ungarn 1947

94 Arbeitslose Kriegsheimkehrer, Budapest, Ungarn 1947

Von Europa nach Indien 1950/1952

1950, in der Mitte des Jahrhunderts. Als Werner Bischof im April 1916 geboren wurde, tobte die Schlacht um Verdun. Den Zweiten Weltkrieg erlebte er wie zweimal, im Aktivdienst «live», aber von aussen, und dann zeitverschoben als europäische Trümmerlandschaft, als Zeuge von Hilfsaktionen und Wiederaufbau. Er war vom Künstler-Photographen zum Photoreporter gereift, hatte Familie. Mit der Schweiz, ja eigentlich auch mit Europa, hatte er abgeschlossen. Das *Du* konnte ihm keine Plattform mehr bieten. Die Anfragen der Weltpresse kamen zur rechten Zeit.

Da er schon damals unzufrieden war mit der Abhängigkeit des Photojournalisten, bedeutete die Existenz von MAGNUM ein echter Glücksfall. 1947 hatten der Ungar Robert Capa, der Pole David Seymour, der Franzose Henri Cartier-Bresson und der Engländer George Rodger in New York eine Kooperative mit einem würdevoll römischen Namen gegründet, der wohl programmatisch die «Grösse» und mehr noch Unabhängigkeit ihrer Mitglieder gegenüber den Verlagen und Redaktionen der grossen Bildillustrierten bekräftigen sollte, wie dies auch der Journalist und Redaktor Romeo Martinez später darstellte: «Capa hatte eine fixe Idee. Sie sollte sich als eine der vernünftigsten Ideen in der Geschichte der Photographie herausstellen: dass der Journalist nichts ist, wenn er nicht die Rechte an seinen Negativen besitzt. Die Kooperative war die beste Form, diese Rechte zu sichern und die Handlungsfreiheit eines jeden Photoreporters zu garantieren. Kurz gesagt, Capa und seine Freunde haben das Urheberrecht für die Photographie erfunden. Selbst wenn sie sonst nichts erreicht hätten, sie haben ihrem Metier die Freiheit gebracht und abhängige Photographen in freie Künstler verwandelt.»

Die Bildillustrierte war wie das Radio in den Dreissiger Jahren ein neues Medium mit einem grossen Einfluss auf Politik und Gesellschaft. Gleichzeitig kreierte sie den neuen Beruf des Photoreporters. Für herausragende Blätter wie die *Berliner Illustrierte Zeitung*, die *Münchner Illustrierte* oder *Vu* arbeiteten Erich Salomon, Umbo, Felix H. Man, Alfred Eisenstaedt oder Walter Bosshard, für die Propagandamittel der Arbeiterbewegung wie *USSR im Bau* Alexander Rodtschenko und als Graphiker El Lissitzky, für die *Arbeiter Illustrierte Zeitung* neben eigenen «Arbeiter-Photographen» der Photomonteur John Heartfield. Die Photographen wurden indessen noch nicht als «Autoren» betrachtet, bestenfalls als «ständige Mitarbeiter» und Bildlieferanten, welche die Aufträge von der Redaktion entgegennahmen.

In diesem Jahrzehnt wurde allerdings eine hochstehende Diskussion über die Aufgaben des neuen Mediums geführt. Moholy-Nagys Suche nach den optimalen Gestaltungsmöglichkeiten des Mediums war nie nur Selbstzweck, auch nicht in der Formel einer allseitigen Aneignung der Dingwelt. Letztlich wollte er sie für die «noch rückständigen Illustrierten» nutzbar machen. Die Gefahren des Ästhetizismus wurden von ihm selber erkannt: «Es besteht allerdings die Gefahr, dass durch die klare Demonstration der fotografischen Mittel in der nächsten Zeit eine ungewollte Krisis der fotografischen Arbeit eintreten wird. Es werden nach gegebenen ‹Rezepten› ohne Schwierigkeiten ‹schöne Bilder› herzustellen sein. Aber es kommt nicht darauf an, aus der Fotografie wie im alten Sinne eine Kunst zu machen, sondern auf die tiefe soziale Verantwortung des Fotografen, der mit den gegebenen elementaren fotografischen Mitteln eine Arbeit leistet, die mit anderen Mitteln nicht zu leisten wäre. Diese Arbeit muss das unverfälschte Dokument der zeitlichen Realität sein.»

Die entschiedenste Position formulierte die Arbeiterphotographen-Bewegung:

«Das Ziel muss sein, das Motiv in seiner knappsten und überzeugendsten Form zum Ausdruck zu bringen. Verlangt dieses Ziel eine verzerrte Perspektive, so wird es immer der Zweck sein, der das Mittel rechtfertigt. Der Zweck liegt aber weder in den Dingen selbst, noch in seinem Kunstwert.»

Während die bürgerliche Theorie mit dem Objektivitätsanspruch operiert, wurde dieser von den Photographen der Arbeiterbewegung und Theoretikern wie Walter Benjamin und Siegfried Kracauer negiert und in sein Gegenteil verkehrt. Die Arbeiterbewegung nahm von der Photographie und der Illustrierten Besitz, um sie in ihren parteiischen, ihren interessengebundenen Dienst zu stellen. Die ideologische Funktion der theoretischen Auseinandersetzungen war es gerade, den geistigen und ästhetischen Standort der Arbeiter-

Werner Bischof, Frankreich 1950
(Photo: Ernst Haas)

MAGNUM-Meeting
Paris, Frankreich 1950

**Werner Bischof, Robert Capa und Maria Eisner
MAGNUM-Meeting, Paris 1950**

**Werner Bischof, Paris
Frankreich 1950 (Photo: Ernst Haas)**

klasse von den Kunsterwartungen der bürgerlichen Ästhetik abzugrenzen. «Der Irrtum der Neuen Sachlichkeit ist, dass sie von der richtigen Annahme, fotografische Ästhetik dürfe keine Imitation der Malerei sein, ausgehend, zur Verabsolutierung einer eigenen Kunstform mit eigenen Mitteln und absolut eigentümlichen Möglichkeiten fortschreitet.»

Siegfried Kracauer war 1927 der erste, der das neue Medium «Bildillustrierte» insgesamt kritisch sah:

«In den Illustrierten sieht das Publikum die Welt, an deren Wahrnehmung es die Illustrierten hindern. Das räumliche Kontinuum der Kamera überzieht die Raumerscheinung des erkannten Gegenstands, die Ähnlichkeit mit ihm verwischt die Konturen seiner «Geschichte». Noch niemals hat eine Zeit so wenig über sich Bescheid gewusst. Die Einrichtung der Illustrierten ist in der Hand der herrschenden Gesellschaft eines der mächtigsten Streikmittel gegen die Erkenntnis.»

Nach dem Zweiten Weltkrieg übernahmen primär kommerziell geführte Magazine die Macht, das amerikanische *Life*, welches mit den Dokumentaristen der «Farm Security Administration» gross geworden war, *Paris Match* und in England *Picture Post* und *Illustrated*. Für ihre Millionenauflagen konnte man «einfach alles photographieren, die Magazine hungerten geradezu danach» (Rodger), vor allem nach Berichten aus jenen Bereichen der Welt, die noch nie ein Photograph besucht hatte. So begannen die MAGNUM-Gründer sich den Globus aufzuteilen: Seymour blieb in Europa, Capa ging in die USA, Cartier-Bresson nach Indien und Fernost, und Rodger nach Afrika. Bischof hatte Capas erste Russland-Reportage im *Ladies Home Journal* gut studiert und sich begeistert über den Ausstellungskatalog des «Museum of Modern Art» von Cartier-Bressons Frühwerk geäussert. «Ein Photograph muss immer mit der grössten Achtung vor seinem Objekt arbeiten und dabei nie seinen eigenen Standpunkt aus den Augen verlieren» – diese Maxime Cartier-Bressons musste ihm Mut machen wie die Beharrlichkeit, mit der MAGNUM für das Recht der Photographen an ihrem Bild eintrat, ein Konflikt, den er vom *Du*-Verlag her kannte.

Anfang 1950 schilderte er Maria Eisner, der Sekretärin und Buchhalterin von MAGNUM seine Lage in einem Brief:

«Jetzt bin ich bereit zu neuen Plänen. Ich habe mich so gefreut über die Einladung, obwohl ich mir heute noch kein rechtes Bild davon machen kann. Ich würde gerne eine grössere Reise unternehmen, aber mir fehlt das Geld und so ist es auch schwer gewesen, Ihnen eine Antwort zu senden. Als ‹shareholder› braucht es viel Geld, wie der Name sagt, oder aber man ist ein ‹stringer›. Da ich ein schlechter Kaufmann bin, habe ich wenig in bar. Mein grosses Kapital ist die Arbeit und mein Archiv.

»Ein englischer Verleger war hier und will unbedingt ein Buch über England mit mir zusammen herausgeben; dies ist meine einzige feste Hoffnung...

»Ein anderer Plan besteht, mit Hilfe der indischen Regierung eine Arbeit über das neue Indien zu machen, das wäre noch schöner und hätte auch für Sie grössere Bedeutung. England wird sich in den nächsten Tagen entscheiden, ich werde Ihnen sofort Bericht geben.

»Wie arbeiten Sie mit den anderen Mitgliedern von MAGNUM, liegt das Risiko immer bei ihnen oder werden ‹expenses› bezahlt?

»Liebe Maria Eisner, ich hoffe, Sie verstehen mich recht, ich habe grosse Freude mit Euch zusammen zu arbeiten, wenn nur nicht immer diese verfl... Geldgeschichte wäre. Ich kann es mir nicht leisten, alle Unkosten selbst zu tragen, wie es bei Black Star war, um dann nach Monaten einige Dollars zu bekommen. Mir scheint es sollte möglich sein, wenigstens jeden Monat genügend zum Leben und Arbeiten zu haben. Mit meinen besten Grüssen, Ihr Werner Bischof.»

Neben seinen finanziellen Problemen spürte Bischof vielleicht, dass seine Art des langsamen Arbeitens, des Verweilens, des Einfühlens und Beobachtens dessen, was sich in der Sensation oder Aktualität verbirgt, zwangsläufig mit den Bedürfnissen einer professionell geführten Agentur in Konflikt geraten musste. Schon 1948 hatte er Black Star, wo er auf den 31. Januar 1950 seine Mitarbeit kündigte, geschrieben:

«Diese Art Arbeit, die Sie immer wieder antönen, also politische Dokumentationen, werde ich Ihnen nie machen, denn das liegt mir absolut nicht. Das soziale Leben, die Not, der Aufbau – ja. Vergessen Sie nicht, dass ich nach dem Schönen suche, dass es mich zum Beispiel interessiert, wie die verschiedenen Nationen die Nachkriegsjugend erziehen, was aus dem Nichts geschieht und wieviel menschlich Schönes auch in der grössten Not vorhanden ist. Es hat doch gar keinen Zweck, mich mit politischen Reportagen zu belasten, die ein gerissener amerikanischer Reporter bedeutend besser machen kann.»

Die Bekanntschaft mit Capa, die ersten Meetings im Pariser Büro, sollten diese «Befürchtungen» bestätigen. Aber noch war er frisch und gutgläubig. Er schreibt am 27. April seiner Frau, aus London:

«...es ist Donnerstag nacht, Capa ist heute nach Paris zurück, nach einem langen guten Gespräch. Er ist manchmal wie ein Vater, wenn man allein mit ihm ist. Heute mittag haben Spooner, er und ich zusammen gegessen und viel besprochen. Nachher bin ich mit Lee Spooner (das ist der Chefeditor von *Illustrated*) ins Bureau gefahren. Morgen beginne ich mit meiner ersten Story für *Illustrated*, die in den nächsten Wochen eine ganze Serie von mir will. Die erste Reportage wird über ein Hospital im East End von London sein, das 24 Stunden lang offen ist und wo alle Arten von Menschen und alle Arten von Krankheiten und Unfällen vorkommen. Ich werde vor allem im ‹Accident Dept.› arbeiten und versuchen, den Kontrast der dunklen, schlafenden Stadt und der hellen helfenden Atmosphäre der Hospitals packend zu schildern.» Es wehte nun ein rauherer Wind:

«... die Zeit seit dem letzten Jahr, als wir zusammen in London waren, hat sich geändert. Die Konkurrenz ist stark geworden und die Leute arbeiten sehr gut. Ich kann nur lernen. Diese fünf Tage und Nächte im Spital waren nicht umsonst. Der Editor hat grosse Freude an meinen Aufnahmen und die Story wird in der übernächsten Nummer erscheinen. Ein wunderbares Bild eines Mulattenkindes hat es dabei.» (London, im Mai 1950.) Wie so oft wechselten Begeisterung und Enttäuschung.

«...ich habe den ‹cafard› – welche Verflachung, Sensationshascherei in diesem ‹magazine business›. Schau nur die letzte Aufschrift in *Illustrated*: ‹Malaysia, the most dramatic pictures›.» (Juni 1950.)

«Die Hospital Story ist erschienen. Die Schwierigkeiten, bis es soweit war, habe ich Dir schon mitgeteilt. Dass aber der Schreiber fett gedruckt vor meiner Story steht und meine Arbeit vollständig unterschlagen wird, macht mich wütend. Ich brauste auf, wie Du mich kennst, und verlangte sofort eine Aussprache mit Spooner. Äusserst nett und zuvorkommend empfing man mich und hörte sich meine Wünsche an, versicherte, die nächste Story ‹About London› sei eine riesige Bildreportage wie Ernsts ‹Piccadilly›. (Gemeint ist der Österreicher Ernst Haas, der mit ihm zusammen anfangs 1950 MAGNUM beitrat.) – Dann gings los, am Mittag, als ich ins Büro kam, hiess es: ‹Wir müssen sofort ein Portrait von Ihnen machen›, alles steht im Atelier bereit. Nächsten Morgen zeigen sie mir die Story über mich als ‹one of the best photographers› – ich habe es gar nicht recht angeschaut – J'en ai marre...» (London, Juni 1950.)

Das Jahr 1950 blieb für Bischof eine unbestimmte, unruhige Zeit. In Edinburgh notierte er im Mai während Aufnahmen einer alten Kapelle: «Herrlich anzusehen, aber stundenlang mit Lampen und Stativen um diese ‹toten› Dinge zu kämpfen, macht mich einfach nicht mehr an. Viel lieber stehe ich auf einem Bahnhof und erlebe den Betrieb, das Kommen und Gehen...» Und in Reykjavik reflektierte er im August ausführlich über seine Situation:

«Nach dem Besuch des Nationalmuseums Reykjavik. Die Zeit ist in den meisten Ländern vorüber, wo still zu Hause gearbeitet wird. Heute sind alle ornamentalen Souvenirgegenstände mit Profitabsichten angefertigt: Es fehlt dem Ganzen die Seele.

»Da hängt eine Zeichnung, man sagt mir eine Pflanze, die mich stark an Klee erinnert. Die Spangen, die Schildknaufe, jedes Ding hat seine starke Fassung, ganz ohne Verzierung. Es hat keinen Zweck, dies künstlich überzüchten zu wollen. Wo es noch vorhanden ist – gut, freuen wir uns. Aber das 20. Jahrhundert ist das Zeitalter der Maschine, des Flugzeugs, der Kamera, des Films. Benutzen wir doch diese Dinge, um Neues zu formen. Die neue Form hat abstrakt, das heisst auch gebrauchsrichtig und klar zu erscheinen, ohne grosse Verzierungen.»

In London kaufte er sich die Autobiographie des Dokumentarfilmers Robert Flaherty, dessen Kampf gegen die Filmmagnaten ihn begeisterte. Sein Traum, das problematische Photographieren gegen eine von ihm zweifellos idealisierte Filmarbeit aufzugeben, fand

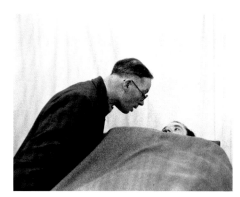

London Hospital, England 1950

Edinburgh, Schottland 1950

**Reportage in *Life*, Juni 1951
über den Hunger in Indien**

neue Nahrung. In London jedoch hörte und las er vom neuen Krieg, den er schon auf seinen Osteuropa-Reisen hatte kommen sehen – von Korea. Und dies, während er sich auf eine Indienreise vorbereitete.

Wie häufig, wenn Grosses bevorstand, gönnte sich Bischof vorher eine Ruhepause. Diesmal ging die Reise nach Verona, anschliessend fuhr er nach Sardinien und Capri – «Le Piazze d'Italia» für *Epoca* – endgültiger Abschied von Europa.

Viele waren schon vor ihm in Indien gewesen. Sein Schweizer Landsmann Walter Bosshard, für *die Münchner*, bereits 1930, inklusive Interview mit Mahatma Gandhi. Und Henri Cartier-Bresson, 1948, zur Zeit von dessen Ermordung. Indien war ein Synonym für Hoffnung – gewaltfrei, blockfrei. Auf seinem ersten Langstreckenflug im Februar 1951 begegnete er Le Corbusier. Das Faible für Architektur begleitete Bischof seit den Tagen an der Kunstgewerbeschule. Eher selten hat er Portraits gemacht – unter anderem von den bewunderten Finnen, darunter von Alvar Aalto. Weiter von Frank Lloyd Wright – und von Chaplin.

«Noch eine halbe Stunde bis Bombay. Alles ist so eigenartig. Man verliert die Masse mit dem Flugzeug. Ich habe nie das Gefühl, dass ich so weit weg bin.» (Tagebuch, Februar 1951.)

In Zürich wurde zu diesem Zeitpunkt die Ausstellung des «Kollegiums Schweizer Photographen» eröffnet, mit Läubli, Schuh, Senn, Tuggener – und Bischofs Osteuropa-Bildern.

Erste Eindrücke, am 21. Februar 1951 an Rosellina mitgeteilt: «Ich habe mich auf Elend, auf allerhand gefasst gemacht, doch was da an Hütten und Dreck entlang der Strassen steht, ist unbeschreiblich, und ein Geruch weht einem entgegen, der zum Brechen reizt. Ich werde mich sehr überwinden müssen, um gut zu arbeiten.

»Montag beginne ich mit der ‹Hungerstory›. Keine leichte Arbeit, denn die Regierung liebt in dieser Sache keine Dokumente. Ich glaube nicht, dass jemand an diesen Hungerbildern vorbeischauen kann, dass jemand mit der Zeit all meine Bilder ignorieren kann. Nein, sicher nicht, auch wenn jedesmal nur ein wenig hängen bleibt, dann würde mit der Zeit eine Basis geschaffen, die mithilft, Gutes und Verwerfliches zu unterscheiden.»

In den Docks von Calcutta wurde amerikanisches Getreide von Hand in Säcke abgefüllt. Bischof machte Photos, die seine ästhetische Schulung für Komposition, Verteilung von Licht und Schatten nicht verleugnen können. «Von hier gelangt das Korn nach Patna, wo es nach zeitraubender Umladerei in die am stärksten betroffenen Hungergebiete gebracht wird. Das Tragische ist jedoch, dass die Menschen rascher verhungern, als das Getreide zu den Dörfern transportiert werden kann.» Noch war er ein distanzierter Beobachter – was harte und lebenswichtige Arbeit war, erscheint auf seinen Bildern wie ein harmonisches Spiel.

Aber er wollte in der Provinz Bihar die Situation «am Herzen des Volkes» kennenlernen.

«Ich fuhr mit einem Regierungsbeamten in die Dörfer. Wir brachten rationiertes Getreide, aber was kann ein Jeep für 5000 km² schon ausrichten! Dann habe ich diese hungernden Frauen gesehen, durch den Spiegel der Rolleiflex und es war das erste Mal, dass ich ohne Scheu die Kamera benutzte. Die Dramatik des Augenblicks war stark. Es ist nicht schwer, in diesem Moment gute Bilder zu machen, wenn man einigermassen Gefühl für Komposition hat.» (Brief an seine Frau Rosellina.)

Nun machte er also selbst «most dramatic pictures»! Und sie verkauften sich gut. Klartext aus der MAGNUM-Redaktion: «That is the kind of story which makes one proud to bring to editors. Everyone was terribly excited about it.» Die «Foodstory» in *Life* wurde Bischofs erster internationaler Erfolgsbericht, er war damit zufrieden, obwohl die von ihm selbstverfassten Texte nicht Verwendung fanden.

«Erfreulich war die Zusendung der ‹Foodstory› in *Life* und ein Brief von Edward Steichen vom ‹Museum of Modern Art›, in welchem er mit Begeisterung von den starken Bildern aus Bihar spricht und mir alle Anerkennung schreibt.

»Er glaubt, wenn die amerikanischen Senatoren diese Bilder sehen, sie nicht lange um ‹Foodlieferungen› diskutieren. Nun, die erste Seite ist wirklich stark, die anderen vier hätte ich anders gestaltet. Aber menschlich ist dieser kleine Beitrag, glaube ich, recht wirksam.»

Wenn das oft zitierte Märchen doch nicht ganz so wahr ist, und die Senatoren und Kongressabgeordneten nicht aufgrund dieser Reportage gehandelt haben, ist Steichens

Bihar, Indien 1951

Calcutta, Indien 1951

Skizze, Bombay, Indien 1952

Wunsch nur allzu begreiflich: «The series of the old women around the inspector's jeep are devastating. I wish they could be on the desks of senators and congressmen when they wrangle about the political aspect of sending wheat to starving people.» Und Bischofs «understatement» wirkt rührend. Noch immer sah er sich keineswegs als «Reporter» und hatte das Gefühl, an allem «vorbeizuhasten». Aber die weltweite Anerkennung führte doch zur Überzeugung, mit seiner Arbeit etwas Nützliches zu schaffen.

Kurz vor seiner Reise nach Japan fasste er seinen ersten, viermonatigen Indien-Aufenthalt für Rosellina so zusammen:

«Calcutta, 26. Juni 1951. In den letzten Tagen habe ich viel über meine Arbeit nachgedacht im Zusammenhang mit meiner grossen Reise. Was meine Augen hier überall sehen und was mich beeindruckt, ist wert, festgehalten zu werden. Aber nicht rein künstlerisch – sogenannte ‹schöne› Photos tragen oft den Ausdruck des Statischen und man verfällt leicht der Gefahr, sich des bunt-bewegten Lebens zu entziehen, um perfekte Bilder zu komponieren. Ich sehe keine Berechtigung meiner Reise heute und hier, ohne nicht ganz im Jahre 1951 zu stehen und mit den Augen eines Menschen dieser Zeit zu sehen. Gut so – aber warum nicht eine menschlich positive Geschichte schön photographieren? Was sind die Gründe, die alle Redaktoren in der ganzen Welt bewegen, nach aktuellen, dramatischen und persönlich stark empfundenen Bildern zu suchen?

»Ich beobachte mich selbst beim Zeitungslesen. Ich las die Schlagzeilen ‹Ölkrise, Korea-Krieg, Burma-Kämpfe›, blättere auf die nächste Seite ‹Food and Overpopulation› und weiter zum Sport: ‹Jaroslav Drobnik in Wimbledon› und noch einige Nachrichten über Getreidelieferung in Hungergebiete und Transportschwierigkeiten.

»Alles Dinge, die täglich passieren, die mit unserem Sein oder Nichtsein zusammenhängen, die unsere Entwicklung beeinflussen – die uns bewegen. Dann nehme ich die Zeitung ein zweites Mal und finde schöne Erzählungen, höre von Erfindungen, kulturellen Entwicklungen und bringe all das in einen Zusammenhang.

»Eine Frage wäre, ob das nicht dem Politiker, dem Kaufmann oder dem News-Reporter zu überlassen wäre. Ich glaube wir haben eine Verpflichtung, mit starker Konzentration und Beurteilung die Probleme aus unserer Sicht anzugehen und das Bild unserer Generation zu formen.»

«Das Bild unserer Generation zu formen» – das liest sich wie ein Programmpunkt aus dem MAGNUM-Credo. Und tatsächlich beschloss die Gruppe eine thematische Dokumentation mit dem Arbeitstitel «Generation X» zu realisieren. Jeder Photograph sollte an seinem Arbeitsort ein junges Paar oder zwei junge Leute, eine Frau und einen Mann, in ihrem Lebensalltag verfolgen. Ein Auftrag ganz nach Bischofs Geschmack. In Indien wählte er die Tempeltänzerin Anjali Hora aus Bombay, die ihre blinde Mutter betreute, und den jungen Kaufmann Ushakant Ladiwala. Diese Wahl wurde für Bischofs Arbeitsweise exemplarisch: immer wieder versuchte er die Tradition eines Landes mit den Anforderungen der Moderne in Verbindung zu bringen. So besuchte er die riesigen Stahlwerke von Jamshedpur ebenso wie Sikkim oder auf seiner zweiten Indien-Reise 1952 das Observatorium von Jaipur, das von 1728 bis 1734 errichtet wurde und Le Corbusiers Architektur so verwandt scheint.

Er verliess Indien indessen ohne Begleitung des grossen Architekten, der die neue Regierungsstadt Chandigar entworfen hatte. Bischof notierte bei der Abreise in sein Tagebuch:

«Capa hat mir einen herrlichen Brief geschrieben. ‹Bischof, you have to relax now› – er bekam viel zu viel Material aus Indien von mir, es sei höchste Zeit, dass ich aus diesem Land verschwinde. Ich hätte in Indien noch so viel zu sehen und zu sagen; auch wenn der internationale Markt übersättigt ist, heisst das noch lange nicht, dass ich genug habe.»

Werner Bischof, Indien 1951

105/110 Bihar, Indien 1951

111 Erschöpfte in den Strassen von Patna, Indien 1951

112   Patna, Indien 1951

113   Schlafender. Vor einem Tempeltor in Madras, Indien 1952

115

116

114/115 Im Hafen von Calcutta, Indien 1951

116/117 Auf dem Weg zur Arbeit in Stahlwerk, Jamshedpur, Indien 1951

118 Observatorium in Jaipur, Indien 1952

119 Im Stahlwerk, Jamshedpur, Indien 1951

120/121   Observatorium in Jaipur, Indien 1952

122/123   Kathakali-Tanzschule in einem südindischen Dorf 1952

124/125   Tempeltänzerin Anjali Hora, Bombay, Indien 1951

126   Kaufmann Ushakant Ladiwala, Bombay, Indien 1951

Japan 1951-1952

Ausser einer Kindheitserinnerung war ihm das ferne Land, in das ihn MAGNUM schickte, völlig unbekannt. Ankunft, Juli 1951:

«An einem der ersten Sommerabende in Tokyo leuchteten zauberhafte Papierblumen am Rande der belebten Geschäftsstrasse. Dies war vor vielen Jahren eine meiner ersten Bekanntschaften mit dem geheimnisvollen Osten, als mein Vater mit einem Papierstreifen geschlossene Muscheln nach Hause brachte und wir sie in ein Glas Wasser legten, wo sie sich öffneten und ihnen ein rätselhafter Strauss von Blumen samt Blättern entstieg.

»Dann, während des Krieges, bekamen wir in den täglichen Zeitungsberichten die verabscheuungswürdigen Taten der japanischen Soldaten zu Gesicht. Wir sahen den Kaiser und die Generäle, die das Volk mit ihrer dämonischen Strenge regierten.»

Papierblumen oder Soldaten – der Auftrag war klar. Bereits in England hatte Bischof vom neuen Krisenherd Korea gelesen, und seine während der Osteuropa-Reise gewachsenen Befürchtungen, der nächste Krieg werde sich zwischen den Grossmächten Sowjetunion und USA abspielen, bewahrheiteten sich. Eine erste Woche Korea (San Jang Ri-Story), zwei widerwillig unternommene Erkundungen auf der amerikanischen Militärinsel Okinawa und der Besuch des Kaisers in Hiroshima machten ihm deutlich, dass hier der Zweite Weltkrieg nahezu nahtlos weiterging.

«Ich habe ganz bewusst eine Militärstory gemacht – ja, ich habe viel gelernt und es tat gut, um noch mehr gegen all diesen Irrsinn zu sein. Es ist ein Strom, der einem mitreisst, weil es heute nur ja oder nein gibt, das heisst auf der Seite Russlands oder der Seite der freien Völker mit dem grossen Potential der Vereinigten Staaten zu sein. Auf dieser Seite können wir in einer gewissen Freiheit leben – auf der anderen nicht. Verzeih, ich wollte nur von Wasser, Pflanzen und Menschen schreiben...» (Brief an Rosellina, Okinawa, 22. Juli 1951.)

Trotz Rosellinas Mahnungen und Ängsten – in Korea waren schon viele Journalisten und Photographen umgekommen – wollte er seine selber formulierte Aufgabe, das Leiden der Zivilbevölkerung zu zeigen, erfüllen. Seine erste Reportage wurde indessen als «too weak» taxiert und schlecht verkauft. An Emil Schulthess vom *Du*:

«Ich war in Korea, aber die menschliche Tragödie der koreanischen Bevölkerung hat mich dermassen erschüttert, dass ich bald wieder nach Japan ging. Immerhin entstand eine sehr konzentrierte Arbeit von der Evakuierung eines Dorfes im dichten Dschungel nördlich des 38. Breitengrades. *Life* war begeistert, aber sie hatten schon genug solcher Bilder, da es hier von ‹Schlachtfeld-Hyänen› (Kriegsreportern) wimmelt. Die meisten sehen nur, was die Weltpresse schockieren könnte, sie vergessen, dass noch menschliche Seelen ohne Uniform existieren.»

Nach dem zweiten kritischen Blick auf den Insel-Stützpunkt Okinawa, der geradezu zynisch-ironische Aufnahmen zur Folge hatte (friedlich schlafende Soldaten, halbierte Flugzeuge) spürte er ganz deutlich: er konnte nicht unbeteiligt, nicht «contrecœur» arbeiten:

«Tokyo, 28. August 1951, back from Okinawa. Ich muss sagen, ich bin absolut ‹irrité for the moment›. Diese Militärgeschichte macht mir Bauchweh, und ich werde MAGNUM endgültig erklären, keine solchen Dinge mehr zu machen. All die gut gemeinten Ratschläge von ‹Haasi› (Ernst Haas), dass man alles versuchen soll, kann ich nicht teilen. Und zwar einzig darum, weil du nicht die Wahrheit sagen kannst. Die Wahrheit ist zensuriert, die Wahrheit ist nur soweit möglich, als man sie ‹oben› liebt. Aber ein Unterschied besteht sicher zwischen diesen Zensuren hier und einer russischen Zensur – du verlierst nicht dein Leben...

»...ich fühle, dass dieser Weg hier insofern richtig ist, als dass ich beobachte und vieles – unendlich vieles sehe. Dass jedoch die Arbeit in meinen Augen eine starke Änderung erfahren hat. Vieles, was ich früher als gut empfand in meinen Bildern, sagt mir heute nicht mehr so viel. Ich meine, dass ich es schwerer habe heute und dass die Arbeit mich aufwühlt, da sie täglich ändert.»

Da traf ein Auftrag ein, der Bischof mehr entsprach: «Capa schrieb, ich soll schnell eine ‹general story-American-influence on Japan› machen. Oha, so schnell...» (Tokyo, September 1951, Brief an Rosellina.)

In Gesprächen mit Japanern kam er auf ein Thema, das er bereits in Indien verfolgt hatte, und das sein posthum erschienenes Japan-Buch prägte: der Gegensatz von kulturellen Traditionen und dem Einbruch der westlichen

Werner Bischof, Tokyo, Japan 1952
(Photo: Rosellina Bischof)

Opfer des Atombombenabwurfs über Hiroshima, Japan 1951

Skizze, Japan 1951

Zivilisation. Sein erstes Beispiel war der Kontrast von Kabuki-Theater und Striptease, «eine Art Cabaret mit nackten Frauen». Und dann hatte er ja noch immer den Generation X – Stoff, für welchen er den Studenten Nori und die Modestudentin Mitschiko auswählte. Und es wimmelte von Kindern: «Sie sind ja das Paradies in Japan.»

Er begann sich einzurichten. Fuhr zum ersten Mal nach Kyoto:

«Kyoto, 30. September 1951. Kyoto, alte und einzige unzerstörte Stadt Japans. Was ich sah in den letzten Tagen, war so komprimiert, dass es ein Buch füllen könnte. Vom zauberhaften Silberpavillon zum imaginären Moossee und Mooswasserfall, ein wilder Garten des einst berühmtesten Malers Japans, versteckte, von Pflanzen überwucherte Buddhas, Teehäuschen in zauberhaften Landschaften und Steinbecken zum Waschen der Hände... tausend Wunder...

»7. Oktober 1951. Ein wunderbarer Herbsttag war gestern und ich fuhr per Taxi hinaus zum kaiserlichen alten Landhaus. Auf dem Weg fand ich am Fluss die Seidenwäscher, die lange Bahnen von farbiger Seide im Fluss waschen und dann an langen Bambusstangen trocknen. Kannst Du Dir vorstellen, wie wunderbar das aussieht? Im wehenden Wind all die farbigen Bänder, ein Wellen und Rauschen, wunderbar... Natürlich konnte ich nicht vorbeigehen und verbrachte über eine Stunde hier.»

Und er begann wieder zu skizzieren:

«Die Bäume sind etwas vom Wunderbarsten in Japan. Du kennst die Gedichte, die vom Wind erzählen, der durch die Bäume weht und die Blätter. Im Innern der mehr und mehr geschäftstüchtigen Hauptstadt habe ich einige wunderschöne Baumformen gefunden und sie Dir aufgezeichnet. Ich kann mir nicht denken, dass einst die Menschen hier ihre Verehrung der Natur verlieren, dass sie Baum und Blume nicht mehr als Symbole von Edel und Rein in ihrem Haus bergen.» (Brief an Rosellina.)

Reinheit und Schönheit Japans nahmen ihn immer mehr gefangen. Doch das Geld wurde knapp, die Realität des Photoreporters holte ihn zurück. Den Kaiserbesuch in Hiroshima begleitete er mit grosser Routine. Erst wollte er ihn ohne Kaiser abhandeln, ganz in alter Manier, dann aber war er doch fasziniert vom steifen Zeremoniell. War das Bischofs «neue Photographie», dieser kühl distanzierte Blick auf Motive, die ihn nichts angingen?

Erneut spürte er den Widerspruch zwischen Aufträgen und seinem eigenen, inneren Antrieb – verschärft durch die finanziellen Probleme. Wenn von ihm schon professionelle Arbeit erwartet wurde, wollte er sich ebenso behandelt wissen. Doch das MAGNUM-System lief – verglichen mit amerikanischen News-Agenturen oder Life – einfach zu langsam. Er begann sich insbesondere mit Capa zu streiten:

«Ich gehe immer und überall zu tief in die Materie hinein und das ist nicht journalistisch. Was ich fühle, das ist auch nicht journalistisch und trotzdem masse ich mir an, nach kurzer Zeit mehr zu wissen über das Land, denn die meisten der ‹Weltjournalisten› in diesem Hexenhaus, genannt ‹Correspondent Club›.

»Sie haben alle etwas, was mir ‹sometimes› fehlt, sie sind wahnsinnig selbstsicher, jeder hat seinen grossen Zeitungstrust hinter sich. Das alles macht mir nichts aus und ich werde immer arbeiten wie ich fühle, ich weiss, dass meine Beobachtungen intensiver und auch die Bilder ebensogut sein werden – aber ich stolpere immer über meine Ausgaben. Ich arbeite Tag und Nacht ohne Ruhe, diskutiere, entwickle und organisiere, brauche viel Yen und gehe ‹slowly bankrupt›... Ich sehe keinen Ausweg, solange nicht eine Zeitung einen Teil ‹expenses› übernimmt, ich sehe keine Möglichkeit für Rosellina nachzukommen, und ich habe entschieden, keinen Schritt weiter zu gehen. Ich sage dies Dir ganz persönlich und möchte mit niemandem darüber sprechen. Es macht mich verrückt, wenn ich meine guten ‹4 x 5 in.› Filme an Life verkaufen muss, nur weil ich keine Kamera mieten kann und weil ich die Auslagen von gegen 60 Dollars für den Air-Transport von Calcutta nach Tokyo nicht bezahlen konnte. Es macht mich einfach verrückt, wenn David Douglas Duncan 30 Probefilme macht und Bristol sie am gleichen Tag entwickelt, so dass die weiteren Expositionen sicher gut sind. Ich habe zu warten und nach Monaten bekomme ich Bericht, dass sie vielleicht unterbelichtet sind oder sonst was passiert ist.

»Mein Lieber, ich danke Dir, dass ich dies alles sehen konnte, ohne Dich wäre dies

Rosellina Bischof, Japan 1952

Werner Bischof, Japan 1952

132

Skizze, Japan 1951

nicht möglich gewesen, aber es ist, glaube ich, genug aufs Spiel gesetzt, so dass ich nach meiner Arbeit hier besser nach Indien zurückkehre, wo ein grosser Teil meines Materials in Kühlschränken ruht. Ich glaube Dir, dass MAGNUM mir helfen will, bis ich bezahlen kann, aber denke daran, dass MAGNUM nicht stark dasteht und dass ich Rosellina mit unserem Kind in der Schweiz habe, dass keine meiner Stories mir ermöglichte, die ‹expenses› zu bezahlen, dass ich mehr und mehr in Schulden gerate, die ich schwer begleichen kann.

»Ich weiss, dass jede Zeitung interessiert ist, meine Arbeiten zu sehen, aber die Ausgaben sind grösser als die Einnahmen – dies ist eine ganz simple Rechnung.«

Bischof wollte sich mit Rosellina in Indien treffen, als er von *Life* einen Auftrag in Japan erhielt. So flog Rosellina von Bombay weiter und traf zwischen Weihnachten und Neujahr in Tokyo ein. In dieser Zeit konnte Bischof beweisen, dass «nur eine tiefgehende, vollständige, mit dem ganzen Herzen erkämpfte Arbeit Wert haben kann».

Er bat um die Zusendung aller Kontaktblätter seines Japanmaterials, um «an einem Buch zu arbeiten».

Natürlich handelte er sich durch diesen Direktvertrag mit *Life* Schimpf ein. Capa setzte ihm kräftig zu – aber Bischof verteidigte sich, dass es eben nur «einen» Capa gäbe, der eine faszinierende Persönlichkeit sei, hingegen photographisch stagniere («etwas hat sich in Deinem Arbeitsstil gewandelt, ich weiss nicht was, aber ich bin sicher, dass Du es selber fühlst»). Sich selber bezeichnete er als «Kind, das seine schönsten Spielsachen neben sich schlafen legt und nicht will, dass sie im Dreck zertreten werden». «Dies ist ein weiterer Punkt, warum ich es vorziehe, mit *Life* zu arbeiten: Bob Müller (von MAGNUM) hat mir einige ‹tearsheets› zugesandt, *Illustrated, Epoca, Frankfurter Illustrierte*. In mindestens sechs Fällen wurden die Bilder krass beschnitten, die Texte vertauscht oder die Bilder umgekehrt, dass die japanische Schrift und das ganze Interieur nicht mehr der japanischen Tradition entspricht. Ich wünsche in Zukunft, dass auf jeder Photo ein Stempel angebracht wird, der wie bei Cartier's Bildern eine Reproduktion nur mit Verwendung der Original-Legende und ohne Beschneidung gestattet. Dies scheint mir der einzige Ausweg, dem schlechten Geschmack vieler Editoren entgegen zu treten.»

Dieser japanische Frühling, den er mit Rosellina verbrachte, gehörte zu seinen schönsten Zeiten. Es kam ihm vor «wie Ferien», *Life* hatte auch einen Ford zur Verfügung gestellt und so bewegte er sich diesmal in Kyoto ohne Taxi. Fast wie eine Einleitung zu seinem Japan-Buch schrieb er Capa beim Auslaufen des *Life*-Vertrags ohne jedes schlechte Gewissen:

«Ich versuche mich in die japanische Seele einzuleben und von innen heraus die Verhältnisse zu verstehen. Duncan und mit ihm die meisten Amerikaner nähern sich den Problemen von der amerikanischen Seite, tun alles, wie die Amerikaner es sehen, und speziell in Japan ist das eine trügerische Sache, die oft als ein Zerrspiegel erscheint.

»Ich glaube, wir haben eine Gruppe denkender Photographen in MAGNUM, manche von uns vergessen dies von Zeit zu Zeit und publizieren Arbeiten, die dem Namen MAGNUM keine grosse Ehre eintragen.

»...‹A big story never pays – that's right›... ich bin gerade einer von diesen, die gerne solche grossen Essays machen und ich glaube, ich werde nie aufhören, dies zu tun, weil diese grossen Essays mir das Gefühl für die wirklichen Verhältnisse in einem Land geben.»

Er war überzeugt, die Zukunft mit *Life* zu gestalten. Dies würde ihm mehr Sicherheit geben, mehr Zeit und die Möglichkeit, auch wieder mal bei der Familie zu sein. Capa nannte ihn einen «Spiessbürger» – Bischof verteidigte sich mit «natürlichen Reaktionen, die ich nicht zu unterdrücken gedenke. Du weisst, dass ich die grössten Strapazen ertrage, dass ich sogar beabsichtige, den Mount Everest zu besteigen, sofern es nicht dieses Jahr von anderen gemacht wird».

Der Mount Everest blieb ihm erspart, nicht aber die Abreise aus Japan anfangs Mai 1952. Das Schiff «Perseus» brachte Rosellina und Werner nach Hongkong, für eine Geschichte über den «Letzten Eingang zu Rot-China».

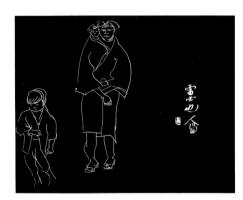

Zeichnung, Japan 1952

**Lotosteich im Winter
Tokyo, Japan 1951**

135 Ankunft des Kaisers, Hiroshima, Japan 1951

136 Kaiserliche Limousine, Hiroshima, Japan 1951

137 Vorbereitung für den Empfang des Kaisers, Hiroshima, Japan 1951

138

140

138/139   Empfang des Kaisers, Hiroshima, Japan 1951

140   Bahnhofvorstand, Hiroshima, Japan 1951

141   Kaiser Hirohito und seine Gemahlin, Hiroshima, Japan 1951

142 Mahnmal für den Atombombenabwurf, Hiroshima, Japan 1951

143 Kriegsopfer, Tokyo, Japan 1951

144/145 Striptease, Tokyo, Japan 1951

146 Auf der Ginza, Tokyo, Japan 1951

147 Wandzeitung, Tokyo, Japan 1951

150

153

154

148/149   Michiko Jinuna in den Strassen von Tokyo, Japan 1951

150/151   Amerikanische Soldaten in Okinawa, Japan 1951

152/153   Okinawa, Japan 1951

154/155   Schlafender Priester im Ryoanji-Tempel, Kyoto, Japan 1951

156/157   Shintopriester im Meiji-Tempel, Tokyo, Japan 1951

158 Buddhastatue auf dem Hügel der Sieben Weisen, Kyoto, Japan 1951

159 Im Garten des Alten Kaiserpalastes, Kyoto, Japan 1951

160 Silberpavillon, Kyoto, Japan 1951

161 Zen-Garten im Ryoanji-Tempel, Kyoto, Japan 1951

162/163   Im Innenhof des Meiji-Tempels, Tokyo, Japan 1952

164   Fudschijama, Japan 1952

165   Seidentrocknerei, Kyoto, Japan 1951

166 Zwischen Kyoto und Tokyo, Japan 1951

167 Im Yasukumi-Tempel, Kyoto, Japan 1952

168 Japanische Papierblumen, Tokyo, Japan 1951

Korea 1951/1952

Der Koreakrieg dauerte von 1950-1953. Er war ein Stellvertreter-Krieg zwischen den USA und der Sowjetunion beziehungweise der Volksrepublik China, den neuen Grossmächten, es ging um weltpolitische Einfluss-Sphären, die ohne Rücksicht auf grosse Verluste und schon gar nicht im Interesse der Bevölkerung abgesteckt wurden. Nach anfänglichen Erfolgen der nordkoreanischen Verbände starteten die UN-Truppen unter Führung der USA eine Gegenoffensive, die im November 1950 von chinesischen Truppen gestoppt wurde. Der Stellungskrieg am 38. Breitengrad wurde durch Waffenstillstandsverhandlungen, unter anderem in Kaesong, abgelöst und führte 1953 zum Waffenstillstand von Panmunjom und den heutigen Grenzen.

Tokyo, 11. Juli 1951, an Rosellina:

«...Wir waren 11 Korrespondenten aller Erdteile, die am 5. Juli morgens in einer alten viermotorigen Maschine übers Meer nach Korea flogen. Nach fünf Stunden landeten wir in Seoul. Der Anblick der Stadt war grauenhaft, fast wie in Deutschland nach dem Krieg, kein Haus verschont. Inmitten dieser Ruinen als einzig beleuchteter Block das Pressezentrum, hunderte von Journalisten. Mir erschienen sie wie ‹Hyänen auf dem Schlachtfeld›.

»Aber ich wusste, dass ich mit meinen Augen und Gedanken andere Bilder machen würde. Du weisst, dass ich vieles andere vorziehe, Du weisst aber auch, dass wir nicht abseits der Menschen und Probleme in einem Elfenbeinturm leben wollen und können. Der Krieg ist ein Teil davon und wir können ihn nicht negieren.

»Ich habe so etwas noch nie gesehen: diese perfekte, maschinelle Art, wie Amerika Krieg führt, ist unglaublich. Wir fuhren mit dem Jeep vier Stunden der Front entgegen und sahen in den letzten zwei Stunden überhaupt keine Koreaner.

»Nun zu meiner eigentlichen Arbeit hier. Mein Thema lautet: ‹Was geschieht mit der Zivilbevölkerung in der Kampfzone?› Jede Einheit hat ihre eigenen Leute, um der Zivilbevölkerung zu helfen, dazu werden auch Koreaner zugezogen, als Helfer und Dolmetscher. Ich sprach mit dem Colonel, der dieser Abteilung vorsteht und er war hocherfreut, dass ich mich speziell für diese Frage interessiere. Jeder Reporter komme sonst nur nach Korea, um Sensationsberichte von der Front zu senden.»

Es handelte sich um die Aufgabe, ein «vergessenes Dorf» zu evakuieren, die Einwohner von San Jang Ri ins nächste Flüchtlingslager zu bringen.

«Unser Übersetzer erklärt den Frauen, dass sie sich bereit machen sollen, doch sie sagen, dass sie bleiben und hier in ihrem Hause sterben möchten. Vor einer Hütte im grellen Sonnenlicht sehe ich ein Skelettkörperchen, es ist ein Mädchen, über und über mit Fliegen bedeckt. Die Soldaten träufeln aus gerolltem Blatt Tropfen um Tropfen in den halbvertrockneten Mund unseres kleinen Mädchens, das nackt neben ihrem Bruder auf der Bahre liegt.

»Auf dem Rückweg zum Lager fahren wir an Hütten vorbei, an denen nordkoreanische Patrouillen Schriftzeichen hinterlassen haben: ‹Maybe you think this war has something to do with the United Nations, but everyone else knows that Washington has stolen the UN-flag and draped it around your shoulders to conceal its real motives.›

»Unser kleines Mädchen starb kurz nach der Ankunft und wurde neben dem Flüchtlingslager begraben. Der Hilfsarzt zimmerte ein Kreuz und befestigte daran das Zeichen der Vereinten Nationen.»

Für Bischof schien es eine «starke Story» zu sein, ein Gegenstück zu David Douglas Duncans Kriegsreportage «This is war», die von der Front handelte. Aber Capa kabelte aus New York, sie sei im Gegenteil «too weak» und könne nicht verkauft werden. Im übrigen habe man jetzt genug von Korea. Hatte Bischof den gleichen Satz nicht schon in Indien gehört?

Das Magazin Life erschien inzwischen in 120 Ländern der Welt. Immer mehr verlor es seine bei der Gründung 1936 publizierten Grundsätze einer vorurteilslosen Berichterstattung - es wurde zu einem Instrument des «Kalten Krieges». Es lebte von der Macht der Bilder, der Text schrumpfte zur Bildlegende, mit der man den Bilderfolgen die gewünschte Richtung geben konnte. Die Stories täuschten mehr denn Einzelbilder Echtheit vor, wahre, authentische Geschichten, die lebendig, verständlich und direkt von den Schauplätzen auf den Frühstückstisch gelangten. Ein Bericht von Bischof wie der über «Das vergessene

Werner Bischof auf dem Flug nach Korea 1951

San Jang Ri, Korea 1951

**Chinesischer Photograph
und Werner Bischof
Panmunjom, Korea 1952**

Pusan, Korea 1952

Dorf», der dann später in der fortschrittlichen, schweizerischen Illustrierten *Die Woche* erschien, setzte schon zuviel an Verständnis und Einfühlung voraus. Man wollte «action», keine Erklärungen.

Bischof wusste um die Chancen, in *Life* ein Bild zu plazieren. Sie standen 1:50, auch für weltberühmte Namen. Seine Geldsorgen in Japan waren das eine – aber bestimmt fühlte er sich durch die Anfrage von *Life*, ihn für drei Monate zu verpflichten, auch geschmeichelt. Das sah nach viel Zeit aus, die er ja auch zu nutzen wusste, aber es war ihm mit Capa klar, dass er einen Schlager wie die «Famine Story» liefern musste. Sein Begleiter John von *Life* wählte die Gefangeneninsel Koje-do:

«Eine erste Nachricht von Koje-do. Wieder wurde eine Anzahl der Gefangenen erschossen. Kommunistische Gefangene des Compound 92 schleuderten Steine auf die antikommunistischen Gefangenen. Eine Gruppe südkoreanischer Soldaten feuerte durch den Drahtverhau.

»Zwölf Menschen wurden getötet. Für uns bedeutete dies, dass wir nach Koje-do fliegen sollten. Ich war dagegen, aber John fands sehr wichtig – so flogen wir los, so wie man einen Sonntagsausflug macht. Journalisten aus aller Welt, witzemachend, vergnügt.

»In Koje-do war alles vorbereitet, man erklärte, man führte die Beteiligten vor, man posierte für ‹news pictures›. Ist dies das Leben, frag ich mich immer, ist dies wirklich so wichtig, dass wir eine Rekonstruktion in alle Welt hinaustrompeten müssen? Die Welt kommt mir noch wahnsinniger vor, seit ich in diesem Lager bin. Ich bewege mich innerhalb des ‹Compounds› frei, ohne zu denken, dass es Kriegsgefangene sind, ohne bewaffnete Begleitung. Aber heute morgen war ein ‹educator› mit mir und wir interviewten einen 15-jährigen Knaben. Oh Schreck – das sei strengstens verboten und ich muss nun alles wieder vergessen, was er mir sagte. So begann mich das Geschehen in diesem Lager näher zu interessieren.» (Tagebuch.)

Für die Zeitungsredaktionen verfasste Bischof einen Begleittext zu den Bildern aus Koje-do:

«Zum ersten Mal in der Geschichte wird im Krieg der Versuch einer Massenrehabilitierung von 110 000 Gefangenen Nord-Koreanern und 17 000 Chinesen unternommen.

»Die Planung dieser weitgreifenden Erziehungsarbeit liegt in den Händen der Vereinigten Staaten.

»Der Altersunterschied bei den Gefangenen ist enorm, sechsjährige Knaben und Männer bis zu 63, leben hinter Stacheldraht. Wir können nicht verleugnen, was wir hier tun, ist eine politische Beeinflussung, ist ein Versuch, diesen Menschen die Idee unserer Lebensauffassung begreiflich zu machen.

»Eine besonders absurde Folge der Umerziehung zeigt sich in den Tätowierungen, die sich kommunistische Gefangene auf ihre Haut ritzen lassen.

»Obwohl die meisten Inhaftierten der englischen Sprache nicht mächtig sind, tragen sie Tätowierungen wie: ‹Oppose the reds and destroy Russia!› ‹Resist the communists and strike against Russia!› oder ‹Kill all the communists!› »

Sosehr Bischof gerade in Japan zur Überzeugung kam, er könne nicht mehr gegen sein besseres Wissen und gegen seine Neigungen photographieren, gelangen ihm in diesem Lager an der Südspitze Koreas ausserordentlich einprägsame, «starke» Aufnahmen.

Noch stritt er sich mit MAGNUM herum und dachte gar an einen Austritt, da zeigte ihm die *Life*-Nummer, dass hier zwar die Kasse stimmte, mit seinem Material aber fahrlässig verfahren wurde:

«Die Reportage über Koje-do ist inzwischen in *Life* erschienen und hat mich recht enttäuscht... Es ist schwierig, in einem Gefangenenlager zu photographieren, menschlich zu bleiben und sich nachträglich von der Zensur die besten Aufnahmen streichen zu lassen. Ich frage mich manchmal selbst, ob ich nun ein ‹Reporter› geworden bin, ein Wort, das ich immer so gehasst habe. Ich glaube, die Konzentration, die ich früher auf das Material verwendete, habe ich heute stark auf das Menschliche verlegt, was mir viel schwerer erscheint, da es sich nicht diktieren lässt. Dazu versuche ich immer mehr durch die Zusammenstellung der Bilder eine möglichst eindrückliche Aussage zu vermitteln. Das Schlimmste ist, dass ich mit keinem Editor zu einem befriedigenden Resultat kam, dass in allererster Linie die Wichtigkeit des Geschehens entscheidet und nicht, wie es vom Photographen gesehen wird.»

Vor seiner dritten Korea-Reise, wieder in Begleitung von John, schrieb er an Rosellina in Tokyo:

«Ich sah die Editoren einer Zeitung in meinem Geiste sich über die Bilder beugend – sagend nein, zu schwach. Wenn du selber als Editor denkst, ist es sowieso schon falsch, denn erst zählt das Ereignis. Nur, John meint, dass man erst alles aufnehmen sollte und dass der Editor das Ganze dann schon zusammenstellt.»

Von dieser Reise brachte *Life* einen zweiten Bericht: «Die Bettlerjungen von Pusan». Als Capa reklamierte, aus den drei Monaten «*Life*-Ferien» hätte er entgegen den Abmachungen keinen einzigen Artikel an MAGNUM geliefert. Auch für *Life* waren die beiden Reportagen eindeutig zu wenig.

Dies kümmerte Bischof wenig, denn viel lieber stellte er nun seine Beiträge selber zusammen – vor allem für sein Japan-Buch. Überhaupt: vielleicht sind Bücher das ideale Medium für Bischof-Photos. Im Photo-Poche «Werner Bischof», das 1986 zur Ausstellung im Kunsthaus Zürich in einer deutschen Version erschien, sah Claude Roy seine Bilder nicht mit dem Geschäftsblick eines Editors, sondern den Augen eines Schriftstellers:

«Das Erstaunliche an Bischof: er ist als Künstler in der Darstellung von Glück und Frieden ebenso gross wie im Ausdruck von Kummer und Schmerz. Doch im zweiten Fall ist seine Kunst nie Verzuckerung, Verzierung, ‹ästhetische› Verschönerung der rauhen Wirklichkeit. Bischof ist ein Poet trauter Sanftheit, von der Meditation der indischen Tänzerin Anjali Hora bis zum Schlaf chinesischer Bauern im Schatten des Banyan, von im Wasser der Bucht von Hongkong spielenden chinesischen Flüchtlingskindern bis zum berühmten Indiojungen, der in Peru flötenspielend seines Weges geht. Die Bilder sind äusserst feinfühlig komponiert. Auch jene des Hungers oder der durch Grausamkeit des Krieges oder Nachlässigkeit der ‹Grossen› verstossenen Kinder sind sichtlich mit Sorgfalt gestaltet. Doch in den Dokumenten über das Tragische der Welt will die Kunst der Komposition die Aussage im gewaltlos erhaschten Ausdruck der Verzweiflung zusammenfassen, im angstvollen Blick, in der Verlassenheit eines Schattenbilds unsere Aufmerksamkeit auf den schmerzvollen Schicksalsmoment konzentrieren. Aufnahmewinkel, Bildausschnitt und Objektiv sind im Gedanken an die Gefühlswirkung gewählt: damit sich Augenmerk und Sympathie der Hauptsache, dem Gesicht, zuwenden. Dem Gesicht eines Kindes, das im südkoreanischen Gefangenenlager Gamellen mit Suppe und Reis holt, vom erwachsenen Photographen von oben herab photographiert; ein Kind, überragt von der Masse der Armee-Küchenbullen, die mit ihren Obliegenheiten beschäftigt sind. Dem Objektiv zugekehrt das Gesicht eines anderen Koreanerkindes, in Sackleinwand, auf verschwommenem Hintergrund von Uniformen. Und der kleine Junge in Lumpen, schräg von hinten aufgenommen, auf dem Bahnsteig zwischen den Beinen riesiger Militärpolizisten entdeckt, schmächtiges Kätzchen in den Haxen der Grossen. Oder die Kinder in Grossaufnahme: das Ungarnkind, mit Tränen über Wangen und Lippen kugelnd, das verlorene kleine Mädchen von Seoul, traurig übermüdet. Oder das Kind, das an der Schulter der Blumenhändlerin in Mexico eingeschlafen ist... In Bischofs Werk erscheint das Kind immer wieder als Prüfstein für das Gerechte und Ungerechte.»

Pusan, Korea 1952

175 Kriegsgefangene vor dem Sanitätsraum, Koje-do, Korea 1952

176 Vor dem Gefangenenlager, Koje-do, Korea 1952

177 Kriegsgefangene bauen eine Mole, Koje-do, Korea 1952

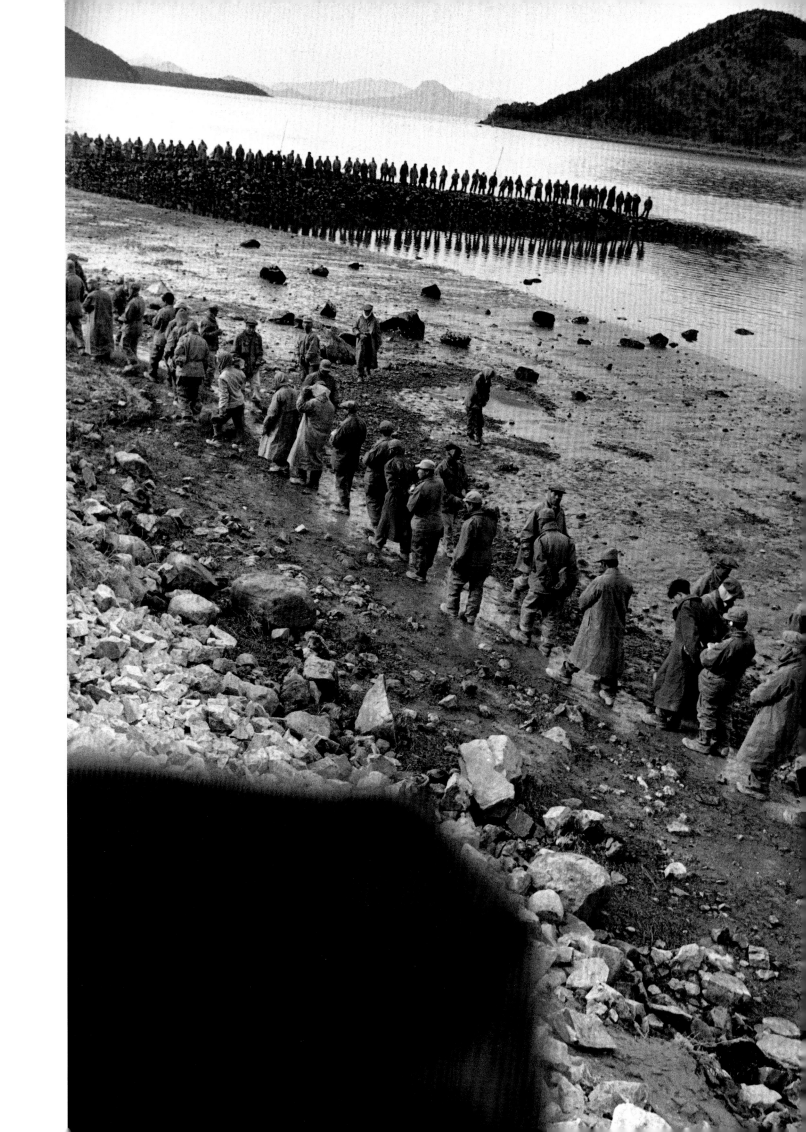

180

178/179 «Square-dance» vor der Freiheitsstatue, Koje-do, Korea 1952

180/181 Reporter der Weltpresse, Kaesong, Korea 1951

182 Stacheldraht als Wäscheleine, Koje-do, Korea 1952

183 Der jüngste Gefangene, Koje-do, Korea 1952

184 Umerziehung der Kriegsgefangenen, Koje-do, Korea 1952

185 San Jang Ri, Korea 1951

186

186/187 Bettlerjungen, Pusan, Korea 1952

188 In den Strassen von Seoul, Korea 1952

Hongkong und Indochina 1952

Viele der chinesischen Flüchtlingsfamilien, die nach Mao Tse-tungs Ausrufung der Volksrepublik China in die britische Kronkolonie gekommen waren, hatten sich schon wieder gut eingerichtet. Anstatt auf Elend oder Verzweiflung stiess Bischof auf eine edle Reserviertheit der zumeist wohlsituierten Übersiedler, die sich – wenn schon – lieber einem «echten» *Life*-Photographen gegenüber geäussert hätten.

So fand er keinen Stoff – und keine Abnehmer. Ausserdem war es so schrecklich heiss, dass ganz Hongkong zu schlafen schien. Er gestand Capa seinen Mangel an journalistischem «push» und sandte sein ganzes Material nach London mit der bescheidenen Feststellung: «Some of the simple pictures are good.» Er hatte sich nicht getäuscht – so kurz der Aufenthalt war, so enttäuschend die Resonanz, so hinderlich die Arbeitsbedingungen und so schmerzlich der Abschied von Rosellina, die anfangs Juni zurückflog – er machte in Hongkong einige seiner geradezu klassischen Bilder.

Das verdankte er wiederum einem typischen Manöver. Auch um der Hitze zu entgehen, liess er sich für acht Tage auf einer ganz kleinen Fischerinsel absetzen. Hier traf er auf das bunte ursprüngliche Leben, das er in der Stadt vermisst hatte und auf Menschen, die ihn nach anfänglichem Misstrauen mit wunderbarem Essen und Zutrauen verwöhnten.

«Ich habe mein Feldbett auf dem Steinplatz vor dem Laden aufgestellt und bin eingeschlafen, bevor die letzten Bewohner zur Ruhe gingen. Später werde ich vom Geheul der Hunde geweckt. Die Türe des Ladens ist mit grossen, schweren Balken verriegelt und die Reihe der Häuser steht grau und leblos im Mondlicht. Schwarze Silhouetten herumstreichender Hunde, junge Katzen, die mit meinen Schuhen spielen, und das Geheul eines erschreckten Bastards fern von der anderen Seite des Tempels lassen mich wenig schlafen.» (*Du*, Juli 1953.)

Die Idylle wurde durch einen Auftrag, für *Paris-Match* über den Krieg in Indochina zu berichten, jäh gestört. Das ausführliche Telegramm mit der Auflistung der gewünschten Reportagen erwartete ihn in Hanoï:

«Aimerions sur Indochine reportage construit style cinéma racontant histoires suivantes à base humaine:

1. Vie d'un convoi chemin de fer à travers brousse avec trains blindés, passagers menacés, etc.
2. Vie privée d'une plantation un soir réception, distractions et dangers, armes au vestiaire, garde en alerte, ventilateurs et bridge ou danse.
3. Vie privée Bao Daï dans sa résidence.
4. Close-up ville Hanoï, même atmosphère, citadine et militaire, cinémas, hôpitaux, restaurants en vogue et troupes retour du front.
5. Vie héroïque d'un poste isolé avec tous éléments représentant France: drapeaux, photos, lettres, radio, etc. Isolement et courage aux avant-postes.
6. Relève soldats français en ligne par soldats vietnamiens.

Amitiés – Direction, *Paris-Match*.»

Wie nicht anders zu erwarten, fand er diese Themen «widerwärtig». Wieder erlag er aber der Faszination einer fremden Kultur und dem scheinbaren Frieden einer harmonischen Landschaft – er bemerkte sehr bald, dass dieser Krieg ein anderes Gesicht hatte, ein nicht weniger grausames.

«Hanoi ist zauberhaft, der stille See inmitten der Stadt mit der zierlichen Pagode, die Blumenfrauen mit den Bündeln langstieliger Lotos und die Boulevards am Abend, wo wir im Freien sitzen und schlanken, weissgekleideten Mädchen nachschauen, deren pechschwarzes Haar ungeflochten über den Rücken fällt, bleiben unvergesslich. Mit den Velo-Rikschas machen wir ausgedehnte Fahrten durch das Chinesenquartier, wo in den Geschäften aus vielfarbigem Papier Tiere, Menschen, Blumen, ja ganze Häuser entstehen, nicht zum Spielen, sondern für religiöse Feste. Die Strasse der Schreiner, der Schlosser, der Schneider und gegen die Kaserne zu die Allee der Prostituierten, eingeteilt entsprechend den militärischen Graden und bewacht und kontrolliert von der französischen Armee. Auf den Dächern der Luxusrestaurants wird abends getanzt. Frei und unbewaffnet bewegt sich jedermann im Innern der Stadt, während wenige Kilometer ausserhalb im Schutze der Dunkelheit um den Ertrag der fruchtbaren Reisfelder gekämpft wird. Es gibt in Indochina keine Front; die Bewohner, die Bauern leben mitten im Kriege, ihre Dörfer sind Festungen und die Felder, die sie

Hongkong 1952

Hanoi, Indochina 1952

**Auf dem Dach des «La Rafale»
Indochina 1952**

Im Zug «La Rafale», Indochina 1952

tagsüber mühselig bearbeiten, werden nachts zu Niemandsland.

»Die überraschend angreifenden Truppen des Vietminhs sind schwer zu lokalisieren. Man ist über den Aufbau der Streitkräfte gut unterrichtet, kennt ihre Befehlshaber, ihre festen Stützpunkte, ist jedoch nicht in der Lage, sie entscheidend zu treffen, da sie mit unglaublicher Disziplin verschwinden und in kürzester Zeit reorganisiert an anderen Orten wieder auftauchen.

»Greifen wir ein Beispiel heraus: Gian Coc, eines der zahllosen Dörfer in dem unendlichen Delta des Roten Flusses, am sogenannten ‹Canal des bambous›. So weit das Auge reicht, glitzern mit Wasser bedeckte Reisfelder, auf denen die Bauern mit ihren charakteristischen Spitzhüten pflügen und Mädchen bis zu den Knien im morastigen Grund die jungen Reissetzlinge pflanzen. Der Monsun ist vorüber, die wassergesättigte Luft ist drückend heiss, und schwere Haufenwolken stehen am Himmel. Wir sind eine Stunde zu Fuss unterwegs, da kein fahrbarer Weg uns mit dem letzten Posten verbindet. Soldaten mit Maschinenpistolen begleiten uns in einiger Entfernung zwischen den Reisfeldern und nehmen mir die Freude an der Ruhe und Schönheit dieser Landschaft. Wenige Stunden später, als ich nach dem heissen Tag im Fluss ein kühles Bad nehme, wird mir allerdings bewusst, dass Vorsichtsmassnahmen notwendig sind. Ich bin allein und gerade im Begriff, ins Wasser zu tauchen, als der scharfe Knall eines Schusses und der nahe Aufschlag der Kugel mich rasch wieder in Deckung hinter einen kleinen Erddamm gehen lassen.« (*Du*, Juli 1953.)

Er absolvierte das Pflichtprogramm von *Paris-Match*, wartete vergeblich während Tagen auf den Marionettenkaiser Bao Dai, betrachtete die «vie héroïque d'un poste isolé» (Dien-Bien-Phu stand noch bevor) und begleitete selbst einen gepanzerten Zug auf seiner lebensgefährlichen Fahrt. Der Zug «La Rafale» wurde auf seiner Fahrt von Saigon nach Nha-trang in vierzehn Tagen dreizehn Mal in die Luft gesprengt, zweimal alle Passagiere massakriert. Bischof ist «im C.P. Wagon installiert bei einem Sous-Lieutenant, der gegen die Kolonialpolitik ist. Die 4. Klasse war prallvoll von Körben mit Hühnern, Schweinen, und Gemüse, auf denen Frauen und Kinder hockten. Kaum möglich durchzukommen. So klettert man aufs Dach und läuft über den Zug, was man sich als Bub so sehnlich gewünscht hat.» Auf dem Hinweg machten sie Station in einem malerischen Dorf, welches Bischof so faszinierte, dass er sich auf dem Rückweg wieder dorthin begab. Das war eine Oase des Friedens.

«Barau ist ein kleines Dorf der Moi. Ein Wachtturm, wie in römischen Zeiten, davor die Bahnlinie, die abends mit einer Bambustüre geschlossen wird. Auf der anderen Seite der Bahnlinie das Dorf. Hütten aus Erde und Stroh aufgebaut. Die Menschen hier haben sehr unter dem Krieg gelitten und sind Fremden gegenüber misstrauisch. Wie ich ins Dorf komme, verstecken sie sich, schliessen ihre Fenster und Türen – unmöglich, sofort photographieren zu wollen.

»Die Kinder, aus Neugierde, sind die Ersten, die sich hervorwagen und mir zusehen. Ich zeichne für sie und bald wird daraus ein Spiel. Die Türen öffnen sich langsam – ein Lächeln hier und dort; ein Mädchen bringt mir ein Ei zum Gruss.

»Der Zug nach Saigon fährt vorbei. Ich bleibe, ich brauche Zeit, viel Zeit, bis das Dorf mich kennt und annimmt, erst dann nehme ich meine Kamera hervor...

»Ich sitze nun in meinem Dorf Barau vor einer Moi-Hütte mit den zauberhaften Kindern und den herrlich geformten Frauen und beobachte das Leben. Ich will hier eine Geschichte machen, als Kontrast zum Kriegsgeschehen, das rundherum tobt.

»...Hier gibt es keine Geschäfte, nichts zu kaufen, doch jeden Tag kommen vom nahen Dorf die Chams, ein aussterbender Stamm, der einst mit Malaya verbunden war. Sie kommen mit Salz, Fischen, lebenden Geckos, Schildkröten, Zwiebeln, kurzum mit Dingen, die vom Meer her kommen, die hier kaum zu finden sind. Die Mädchen balancieren die Ware mit tiefen Strohkörben auf ihrem Haupt, sie benutzen die Schienen, sich gegenseitig stützend, tanzen sie den eisernen Weg entlang. Ihre Gesichter sind edler, leuchtender, ihre Haut noch bronzener als die der Moi.

»Heute ist ein spezieller Tag in Barau. Denn gestern Nacht ist eine Frau gestorben, vor der Hütte wird ein Sarg gezimmert.

»Die intakte Dorfgemeinschaft von Barau erscheint mir wie eine Oase inmitten des grausamen Kriegsgeschehens. Hier wird geboren, gelebt und natürlichen Todes gestorben.»

Dies war eine Geschichte, die nicht im *Paris-Match* Telegramm stand. Eine klassische Bischof-Geschichte.

Die *Paris-Match*-Geschichte endete wie vorgesehen:

«Es war vier Uhr im dichtesten Dschungel, ich hatte soeben meine Kameras eingepackt, weil wir glaubten, bald in Saigon anzukommen, da erschütterte eine Explosion die ganze Zugskomposition. Wir fuhren noch einige Meter und standen dann still. Die Maschinengewehre begannen fast automatisch nach der Explosion zu schiessen, die unsrigen. Ich nehme die Kameras wieder hervor.

»Unterdessen explodieren auch die Minen der Minenwerfer, schiesst die Kanone in den grünen Urwaldvorhang, vorn, etwa 100 m, raucht es. Die Wagen stehen kreuz und quer, ein Mann ist verletzt. Die Schiene unter unserem Wagen ist ausgerissen und darunter ein tiefes Loch. Ich laufe über das Dach zum Wagen der Passagiere. Da sitzt ein kleines Kind, das mir zulächelt, auf den Gesichtern der Erwachsenen Angst und Schrecken, aber eine stille, geduldige Angst ohne Hysterie. Der Vater des kleinen Kindes im Körblein sagt mir, es sei nun schon drei mal im Zug gewesen bei einer Explosion.»

Bischof hatte von seinem miesen Job in Indochina genug. Da nützte auch ein Ausflug ins alte Reich der Khmer nach Angkor nichts mehr.

«Ich bin irgendwie am Ende, diese Storyhetzerei hat mir Mühe gemacht, nicht physisch – nein, geistig. Die Arbeit hier ist nicht mehr die Freude der ersten Erlebnisse, alles ist überschattet vom Zweck, vom Verdienen, vom Konstruieren, um es interessant zu machen. Ich pfeiffe auf diese Art Sensationspresse. Ich möchte nicht das machen, was man in tausenden Journalen auf der ganzen Welt sieht. Ein Nervenkitzel oder eine stupide Story, die nichts vermittelt und besser ungemacht bliebe. Ich merke, dass diese Arbeit mir Mühe macht und dass ich eben kein Zeitungsreporter bin. Den grossen Zeitungen gegenüber bin ich machtlos, es geht nicht, es ist Prostitution meiner Arbeit und ich habe genug. Im tiefsten Herzen bin ich immer noch – und werde es immer bleiben – Künstler.»

Rosellina antwortete in einem Brief vom 1. Juli aus Zürich: «Weisst Du – etwas tut weh, dass du lauter Sensationsberichte machen sollst, um viel Geld zu verdienen, aber ich weiss doch auch nicht, wie es ändern – und dass Du dabei das Wunderbarste verlieren könntest, Deine sensible Empfindung.»

Ihre Sorge war berechtigt. Im Tagebuch von Pnomh Penh zweifelte er am Sinn seines Tuns: «Es ist alles so zwecklos – ich bin nicht einmal mehr fähig, ein Buch zu machen, geschweige denn, an einen Film zu denken.»

Der Glaube an die Photographie war restlos verloren.

Verloren wie dieser «scheussliche Krieg, in dem Frankreich auf die Dauer dem Vietminh im Guerilakampf unterliegen muss. Hoffnungslos – ohne Zukunft für Frankreich, für England und Amerika. Die ‹schönen Tage›, wo man ein wehrloses Volk ausrauben konnte, sind vorüber».

Hierin hat er recht behalten. Aber zu welchem Preis! Fast möchte man denken: wie gut, dass ihm der «zweite» Indochina-Krieg erspart geblieben ist. Was ist aus den Menschen in Barau geworden, was aus den Cham, was aus dem Kind im Körblein und all den Leuten im Zug und «ihrer geduldigen Angst, ohne Hysterie»?

Und wieder hat es Photographen gegeben, die an ihre Mission glaubten, die an ihr litten, an ihr untergingen.

Im Zug «La Rafale», Indochina 1952

194/195 Dschunken, Kowloon, Hongkong 1952

196 Rikscha, Hongkong 1952

197 Opiumraucher, Hongkong 1952

198 Schlafender Bauer in Kau Sai, Hongkong 1952

199 In der Mittagshitze, Hongkong 1952

200/201 Flüchtlingsfamilie aus Shanghai, Hongkong 1952

202 Strassenszene, Hongkong 1952

203 Auf der Fischerinsel Kau Sai, Hongkong 1952

204   Flüchtlingskind auf dem Rücken seiner Mutter, Hongkong 1952

205   In einem Museum, Hanoi, Indochina 1952

206/207 An der chinesischen Grenze, Lai Chau, Indochina 1952

208 Heimkehr vom Markt, Barau, Indochina 1952

209 Bauer, Kambodscha, 1952

210/211 Barau, Indochina 1952

214

212/213   Moi-Familie, Barau, Indochina 1952

214   Grab eines gefallenen Franzosen in Tonkin, und Totenklage in Barau, Indochina 1952

215   Frauen beten für ihre kämpfenden Männer, Gian Coc, Indochina 1952

216/219 Der Zug «La Rafale», Indochina 1952

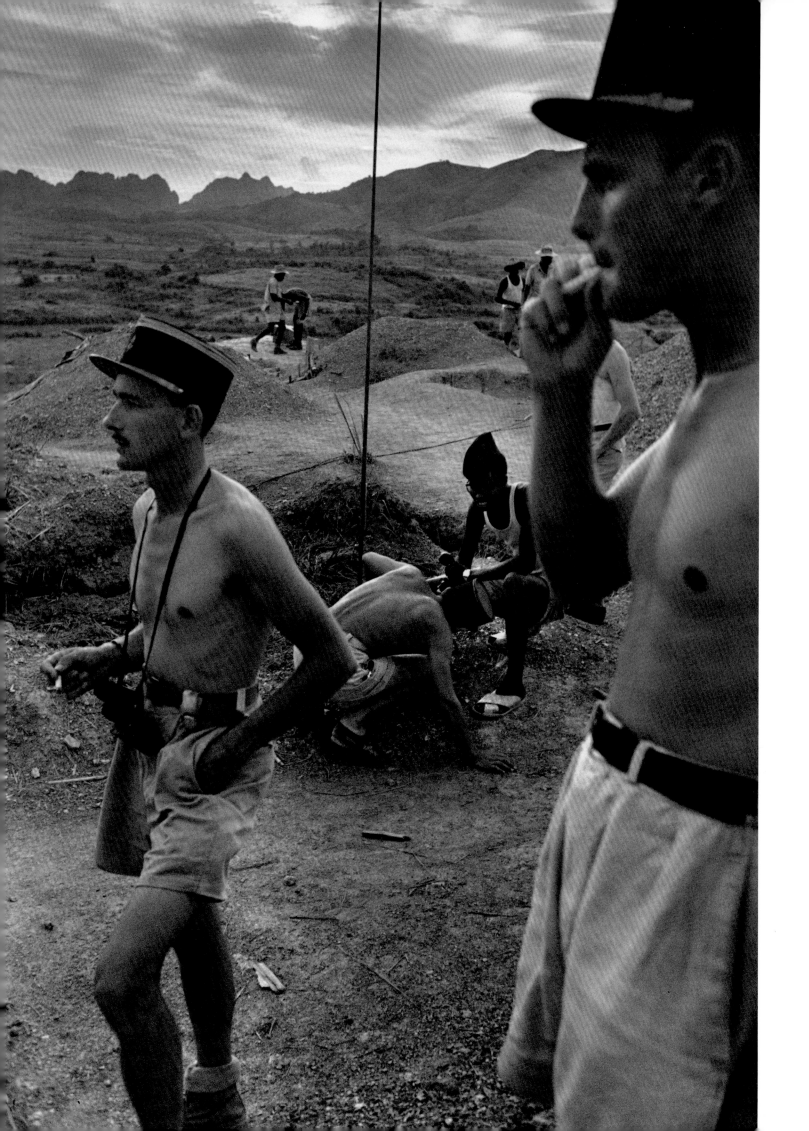

220 Französischer Beobachtungsposten, Gian Coc, Indochina 1952

Nord- und Südamerika 1953-1954

«Ich habe keine weltbewegenden Dinge gesehen, nichts aussergewöhnliches, nur Leben und dessen Reflektionen – doch das ist höchstens für einige ‹Zierfische›, nicht aber für die ‹Heringe›.» So das Resümee auf der Rückreise, in Mysore, Südindien, 14. Oktober 1952, wo er noch seine Negative aus dem Kühlschrank in Calcutta holen musste. Und da hatte er gleich schon wieder Aufträge, «Hungernde Dörfer», diesmal sollte man sie in Ceylon suchen, um die «hungernde Weltpresse zu stillen». «Es sind meine letzten journalistischen Arbeiten, und ich möchte sie so gut wie möglich machen.»

Colombo, Madras, Pondicherry, Trivandrum, Goa, Dehli, Jaipur – Stationen der vermeintlichen Abschiedsvorstellung. Am 23. Dezember kam er, nach knapp zwei Jahren Weltreise, wieder in Zürich an.

In den nächsten Monaten setzte er sich hinter die Auswertung des Materials, das er unterwegs oft so unbedeutend einschätzte. Was ein klassisches Bischof-Photo werden sollte, das bestimmte er nun selber. Zusammen mit Ernst Scheidegger, der noch in diesem Jahr zu MAGNUM stiess und Werner Bischof in Indien ablöste, machte er sich an sein Japan-Buch. Mit Emil Schulthess traf er die Auswahl für die Sondernummer «Menschen im Fernen Osten» des früheren Auftraggebers *Du*, für die er eigene Texte verfasste. Parallel dazu realisierte er eine Ausstellung im St. Annahof in Zürich. Bei dieser Gelegenheit drehte René Burri ein kurzes Filmportrait. Die *Du*-Nummer vom Juli 1953 ist das Pendant zum Osteuropaheft vom Juni 1949. Wie die Ausstellung löste sie ein enormes Echo aus. Hier durfte endlich «der Künstler» sprechen. Nun zählte nicht mehr der «News-Wert», sondern das gestaltete Einzelbild und eine allen Aufnahmen immanente Botschaft: dass alle Menschen Brüder sind. In einer Zeit, als die «kommunistische Weltgefahr» überall lauerte und die farbigen Völker nach rassistischen Kriterien beurteilt wurden, bedeuteten Bischofs Photos den «Zierfischen» eine Offenbarung. Vielleicht nicht nur ihnen: Bischofs Arbeiten schaffen Verständnis, machen Situationen einsichtig, bauen Vorurteile ab, ohne dass viel Erklärung notwendig ist, sie stellen Nähe zum Lebensalltag her und haben deshalb eine längere Wirkung und Gültigkeit als die Tagesaktualität. Wer vermisst heute den Kaiser Bao Dai? Aber ein ruhiges Bild wie jenes der zwei betenden Frauen in Gian Coc ist bis heute ein Symbol für die Unmenschlichkeit des Krieges geblieben.

Die Zusammenarbeit mit MAGNUM hatte sich wieder eingerenkt. Vielleicht auch, weil er seinem künstlerischen Vorbild, Henri Cartier-Bresson, der selber zwischen 1948-1950 im Fernen Osten gewesen war, zum ersten Mal begegnete. Er sah, dass andere mit denselben Schwierigkeiten kämpften.

Neue Aufträge nahmen sich auf dem Hintergrund seiner bisherigen Erlebnisse eher pittoresk aus: Die Krönung der Königin von England, das Gesellschaftsleben in St. Moritz…

Bischofs Vorstellungen waren anders. Am 11. Mai 1953 schrieb er an Robert Capa aus Zürich: «My dear Bob, anytime you need me, please call and I will be in Paris. I am sick of doing nothing and eager to leave for South-America. It is the only place I am interested in, as far as possible from the civilisation, back to nature.»

Hotel Palace, St. Moritz, 3. Juli 1953, an Rosellina: «… wie langweile ich mich doch. Ich würde viel dafür geben, um irgendwo im Urwald zu stehen. Es regnet, zum Glück, der Himmel ist gütig und verhindert, dass ich diese ‹society› photographiere.»

«Irgendwo im Urwald stehen.» Eigentlich wusste er es schon genauer. Südamerika – da konnte er annehmen, weit weg von der Zivilisation zu sein, und dennoch in keinen Krieg verwickelt zu werden. Er stellte sich vor, Zeitschriften und Verlage würden seine Expedition auf dem «Pan American Highway» finanzieren. Er nahm Kontakt auf mit Peter Schifferli in Zürich und Robert Delpire in Paris.

Am 8. September 1953 schiffte er sich in Le Havre auf der «Liberté» nach New York ein.

Am 15. notierte er, einen Tag nach seiner Ankunft:

«Noch immer bewegt sich der Boden unter meinen Füssen, ich habe das Meer noch in mir. Mir gegenüber türmen sich bis ans Ende meines Sehwinkels Büros aus Glas und Aluminium. Das Hotel ist alt und teuer – relativ natürlich: 5½ Dollars (24 sFr.) im Tag ohne einen Schluck Kaffee – ich glaube, das sagt alles.

»Um mich herum liegen alle Überreste aus meinem europäischen Gepäck, was in dieser Atmosphäre fast fremd wirkt. Ich bin nur im 6. Stock, so dringt all das Getöse zu mir

Plakat zur Ausstellung Zürich, Schweiz 1953

New York 1953

New York 1953

New York 1953

hinauf, das Brummen der stoppenden Busse, das Quietschen und Pfeiffen, die ganze moderne Orchesterisierung unserer Zeit, das Geknatter der Schreibmaschinen und selbstverständlich das harte Neonlicht über dem Ganzen.

»Die Strassen, diese Quadrate sind so unglaublich verschieden voneinander, nur ‹The Times Square› entspricht dem, was ich erwartet habe. Ein irritierendes Geflacker von Lichtreklamen, von News-Lichtbändern, die dich sogar um die Ecke noch verfolgen, da sie ums ganze Haus herumlaufen.

»...Gesichter - Gesichter, Menschen wie ich noch nie so viele sah! Wie sie hier beisammen stehen, die Erfolgreichen, die Enttäuschten, die ‹Schwimmenden›, die Erstarrten, die zu allem sich Hergebenden und die, die noch einen Funken in sich haben, die fort möchten und nicht mehr können, die langsam zerfallen in der grossen, wunderbaren, herzlosen und rücksichtslosen Dollarwelt.«

Er traf die Mitarbeiter im MAGNUM-Büro, mit denen er bisher nur gekabelt und oft gestritten hatte, er sah die selbstbewussten Editoren, die seine Beiträge verstümmelt hatten, besuchte den Pionier des Schweizer Photoplakats Herbert Matter, der als Designer grossen Erfolg hatte, und jenen Edward Steichen, der seine Indien-Photos so gelobt hatte. Steichen war während Bischofs »Indochina-Desaster« bei Rosellina auf Besuch gewesen und hatte von einer grossen Ausstellung gesprochen, an der Bischof vertreten sein sollte. («Family of Man», 1955 im «Museum of Modern Art» eröffnet, war wie eine Erfüllung von Bischofs Hoffnungen.) Der Glaube an die Photographie nahm wieder zu: «Es erstaunt mich noch jedes Mal, wenn ich das ‹Museum of Modern Art› betrete und sehe, dass die Photographie die einzige wahre und menschenverbundene Ausdrucksform ist.»

Um die Südamerikareise zu finanzieren, nahm er gut bezahlte Aufträge an, etwa für *Fortune* in Vancouver. Für «Standard Oil» entstanden in New York und San Francisco, in Los Angeles und Houston «Traffic-Pictures» - Aufnahmen vom Autobahnbau, den geschwungenen und sich überschneidenden Strassen, häufig aus der Luft photographiert.

Nur seinen «Vater» Capa verfehlte er einmal mehr, seine New Yorker Eindrücke musste er ihm nach London mitteilen:

«Es war überwältigend und ich habe mich noch nicht in Beziehung gebracht, habe kaum photographiert, wurde gespalten, wie man einen Holzklotz in Stücke zerlegt - nun muss ich mich langsam wieder zusammenflicken. Ich vermisse die Wärme der Leute, es ist eine kalte brutale Stadt und ein verdammt egoistischer Platz, - doch eben trotz allem ‹exciting, fascinating›, wie eine demoralisierende Schönheit.»

Und seltsam, jetzt, wo er «vor Ort» mit dem Zeitungsbetrieb konfrontiert war, interessierten ihn plötzlich die Effizienz des MAGNUM-Office und Verkaufspraktiken. Er machte sich rührend Gedanken über die legendäre Unterbezahlung und Neuorganisation des «staff» und über die Zukunft der Gruppe:

«Unser Mangel ist, nicht mehr gute Photographen in unseren Reihen zu haben. Mein ständiges Suchen hier in New York bleibt immer an den gleichen Namen hängen. Es sind eigentlich nur drei, die ich wirklich gut finde - von denen, die frei sind. Elliott Erwitt, der intensivste im ‹New York outfit›. Robert Frank, ‹somehow not accepted, I never met him, he was always out of town›. Ein Dritter, dessen Name ich im Moment nicht finde, der von *Look* entlassen wurde und doch sehr gut ist. Ich werde nach meiner Rückkehr mit ihm sprechen.»

Ende November hatten Rosellina und Werner ein «Rendez-vous» in Saint Louis - die «Highway-Geschichte» lief weiter, führte über Detroit und Chicago zurück nach New York in eine Wohnung in der 72nd Street, wo auch schon Miró und Calder gewohnt hatten. Rosellina:

«Werner rüstete mit bubenhafter Freude seinen Expeditions-Stationcar aus und ich sammelte Visa für unsere Pässe.»

Der «Standard-Oil» Auftrag verschaffte Bischof das Glücksgefühl, im Helikopter auf halber Höhe den New Yorker Wolkenkratzern entlang zu fliegen, aber auch weniger ergiebige Arbeiten in Boston, Washington, D.C. und Pittsburgh. Von hier schrieb er Henri Cartier-Bresson einen Brief, den dieser anlässlich der Eröffnung der grossen MAGNUM-Jubiläumsausstellung im Herbst 1989 allen Mitgliedern als «Memorandum» übergab:

«Pittsburgh, 9. Januar 1954.

»This week, an old friend of mine from Tokyo saw me at the Fifth Avenue. He returned lately from his post as an analyst in the army and was very depressed at the development of the States since he had left four years ago.

»But what is it that makes it so different? Very superficial, I call it the ‹assembly line› – everywhere this depressing, anti-individual feeling, this automatic way of living, of thinking.

»There is only one great thing which is exceptional: the science, the research, the preservation of art.

»But these people, with few exceptions are foreigners, are French, are German or they are so strongly bound to our way of thinking that it seems to me they are like an oasis in a desert of stupidly vegetating creatures guided by a good or brutal thinking government. We overrule human rights and turn things around so that everybody in the ‹assembly line› is convinced it must be right.

»I do not know if it is so, because I know the Far East and will be forever closer to their philosophy. It is the emptiness of daily life, the dryness of human relation which Thomas Wolfe describes in his book ‹There is no way back›.

»Yes, there is no way back, the developing of industries, of the robot can only go on, go on and destroy. True intelligent people will be drawn in by this monster and there is no hope to survive.

»The tragedy is that very few have time or take time to think about that. It is also paralyzing to see it, and please forgive me if I am not coming back with the record you expect. I am soon going on my great trip. Yours Werner.»

Endlich konnte die grosse Südamerika-Tour – mit finanzieller Unterstützung der Firma Schlumberger – gestartet werden. Sie sollte über Mexico, Guatemala zuerst nach Venezuela führen. Rosellina berichtet:

«Anfangs Februar sind wir soweit und verlassen früh morgens New York voll bepackt und voller Pläne. Werner hat die Filmkamera bei sich und ein Tonbandgerät: es wird eine herrliche Zeit werden! Wir lernen im Auto Spanisch und können die mexikanische Grenze kaum erwarten.»

Am 21. Februar in McAllen, Texas schreibt Werner in sein Tagebuch:

«...zwei Welten grenzen hier aneinander. Nur eine Hauptstrasse und ein gar nicht so grosser Rio Grande trennen die Amerikaner von den Latinos. Durch diesen unverhofften, brüsken Übergang kommt mir die Lebensweise der zwei Völker besonders extrem vor. Hier der Supermarket mit einem Reichtum, aber auch einer Uniformiertheit und Sterilität – dort die Plazas, der Corso und kleine kunstvoll getürmte Früchtestände, der Wagen, an dem eine schwarzhaarige Frau Tortillas bereitet...

»Nun sind wir in Mexico und fahren sehr langsam und geniesserisch durch Schluchten, Hochebenen und tropische Wälder, wo uns richtige Indianer zuschauen kommen, wie wir Reifen wechseln oder Orchideen pflücken. Wir versuchen alle touristischen Ziele zu meiden und übernachten oft in Dörfern und Haziendas.

»Von Mexico-City aus machen wir viele Fahrten zu Tempeln, Dörfer, Pflanzungen und hinunter ans Meer bei Veracruz. Wir sammeln Material, um nachher intensiv in Mexico arbeiten zu können.»

Daraus wurde – einmal mehr – nichts. MAGNUM hatte ein neues Thema: «Generation W» sollte Frauen aus der ganzen Welt in führenden Positionen beschreiben. Für Bischof war Chile vorgesehen, er machte von Mexico aus eine Kurzvisite in Santiago. Ende März war er zurück, für seinen letzten Abschied von Rosellina, die hochschwanger war und via New York nach Hause flog.

Um seinen Chile-Aufenthalt vom April zu finanzieren, machte er eine *Life*-Reportage über die Panama-Kanal-Feier. Bei einer Zwischenlandung in Lima kam es zum Wiedersehen mit seinem Jugendfreund Kurt Burri, der ihn seinerzeit zum Gestüt in Avenches gebracht hatte und jetzt als Pferdearzt in Peru tätig war. Bischof versprach ihm, wieder zu kommen.

Am 15. April berichtete er aus Santiago de Chile, wo er für «Generation W» eine Sprachlehrerin ausgesucht hatte. Ihr Mann war Komponist, der mit vielen Künstlern Kontakt pflegte, unter anderen mit Pablo Neruda. In der Begegnung mit dem Dichter fühlte Bischof Affinitäten, nicht nur weil dieser Cartier-Bresson, Claude Roy und selbst Hans Erni kannte, sondern weil sich dank ihm ein erster innerer Zugang zu einem Kontinent auftat.

Wie versprochen, kehrte er nach Lima zurück, um Kurt Burri zu treffen. Es war, man kann

Werner und Rosellina Bischof
New York 1954

Mexico 1954

Peru 1954

Peru 1954

es nicht weniger dramatisch formulieren, eine «schicksalshafte» Entscheidung. Am 26. April, seinem 38. Geburtstag, schrieb er Rosellina aus Lima den eingangs zitierten Brief. «On verra!» Trotz Sehnsucht und starken Erinnerungen an den Fernen Osten hatte er noch viel vor. Fünf Tage später flog er nach Cuzco, wo er am 1. Mai 1954 auf dem Markt zeichnete. Ob er auch an jenen 1. Mai 1946 in Berlin dachte, als sein grosses Abenteuer begann? Die Indios, die «einst stolzen Incas», die jetzt in Cuzco für wenig Geld Touristen als «Postkartenobjekte» dienten, erfüllten ihn mit Trauer. Als er eine Herde Lamas photographierte, kam sofort der Hirte und verlangte Geld, weil das seine Herde sei. Bischof flüchtete aus der Stadt, suchte das ursprüngliche Leben:

«Auf dem Weg nach Pisac kommen neue Lamaherden und Esel, beladen mit Getreide und Kartoffeln. Die Indios haben ähnliche Karawansereien wie ich sie in Tibet sah. Sie verschwinden von der Gasse in eines der ersten Häuser am Stadtrand und laden ihre Säcke ab oder auf, die schönen Säcke mit braunen Streifenmuster, festgebunden mit geflochtenen, weichen Lamawollstricken. Ihre Farben sind gebrochen, der Schmutz verbindet und dämpft die grellen Töne. Die Indios waren fast alle in ihren Kostüms und scherten sich wenig um mich. Ich folgte ihnen langsam, der Weg wurde herrlich weit, und mit grossen Herden von Lamas. Einige ganz weisse, junge habe ich für Marco photographiert. Ich lief weiter, in eine Schlucht hinunter mit kleinen Erdhütten, links und rechts Eukalyptusbäume und sah den Indios zu, die sich für den Markt rüsteten. Sie brachten Kartoffeln, Gerste und Gemüse, auch ‹Gras›. Eine Gruppe kochte Fleisch und Kartoffeln am Spiess. Mit ihnen wanderte ich zum Marktplatz, wo schon Hochbetrieb herrschte. Auf der Kirchentreppe sassen sie auf ihren Bündeln und überblickten das bunte Durcheinander.»

Er folgte ihnen in die Kirche zur Messe. Er machte Bilder, die einen feierlichen Ernst ausstrahlen. Auf dem Heimweg traf er einen jungen Flötenspieler.

Wie die Touristen fuhr dann auch er zur alten Incastadt Machu Picchu und blieb dort einige Tage.

«Jede Kurve war voller Überraschung. Tiefer wurde das wilde Tal, das Wasser schneller, die Steine mächtiger, die Farbe wechselte vom ruhigen Graugrün zum wild aufgepeitschten Weiss. Wasser, das zum Amazonas zog, ein herrlicher Gedanke. An den Felswänden wuchsen wunderbare zarte Orchideen, Kakteen, Farn. Wir hielten bei einigen Hütten und konnten zum ersten Mal die Höhe der uns umgebenden Felsen erfassen. Sie schienen mir noch gewaltiger durch die sie unterbrechenden Nebel. Alles grau, tropfend vor Wassersättigung, die Gründe tief und geheimnisvolles Leben in sich bergend.

»In der alten Incastadt sind die Details das Wunderbare: das Spiel der Farben, die Flecken des Lichtes auf den alten Mauern. Ich photographierte bei Regen und wenig Sonne, ich sah ‹Klee›, ‹Braque› und hie und da einen ‹Bischof›. Ich lief durch die Gewölbe, über herrlich ungleich geschnittene Treppen. Fenster, Durchbrüche mit immer neuen Überschneidungen. Es regnete, die grauen Steine wurden schwarz, violett und tiefgrün die Flechten, von denen es unzählige Arten gibt.

»Ein riesiger Vogel flog majestätisch der Felswand entlang, wurde von zwei weissen Vögeln angegriffen und entschwand im Sturzflug. Musik des Windes, des Wassers, das wechselnde Licht und die Regenwand, die hinter dem Huayna Picchu nahte und eine graue Fläche entstehen liess. Es war gewaltig, gewaltig als plastischer Anblick, verbunden mit dem Gefühl der Weite.» (Lima, 6. Mai 1954.)

Gedanken an die Schweizer Berge, etwa an die Besteigung des «Ochsen» vom August 1940, Gedanken an die Jugend, an die Lehrjahre. An Max Bill, am 7. Mai:

«Ganz spontan kam mir beim Besuch der Ruinen von Machu Picchu, speziell beim Anblick der schönen Details, Ihre Arbeit in den Sinn. Rosellina schrieb mir, dass Sie hier waren und mit gleicher Begeisterung vor den unglaublichen Steinkonstruktionen standen. Wie war es möglich, dass die Incas ohne unsere Mittel eine solche Präzision zu Stande brachten?

»Um dem Touristenrummel zu entgehen, blieb ich zwei Tage oben und photographierte die Farb- und Formkombinationen, die ich Ihnen in Zürich gerne einmal zeigen möchte.

»Hie und da denke ich an Zürich zurück und frage mich, was wohl aus der Kunstgewerbeschule geworden ist, wer die Stelle von Itten übernommen hat. Sonst ist eigentlich wenig, was mich bindet, ausgenommen der Freunde und meiner Familie.»

Die Schweizer Berge, der Traum vom Amazonas, wiedererwachtes Interesse für abstrakte Formen, Erinnerungen an die «Allianz». In Lima traf er auf einen weiteren Schweizer, den Geologen Ali de Szepessy, den er aus Zürich kannte, der hier für die «Mining Company» tätig war und eine zweimonatige Reise ins Amazonasgebiet plante. Aus dem letzten Brief an Rosellina:

«Mit Szepessy gehe ich nun am Freitag nach Trujillo und von dort in die Anden – Berge – Dschungel – und zu unbekannten Menschen. Nur für ungefähr acht Tage, um noch ein wenig mehr von der peruanischen Welt kennen zu lernen.» (7. Mai 1954.)

Der Chevrolet Station Car wurde von einem peruanischen Chauffeur gefahren. Am 15. Mai, schlugen sie ein Mittagessen aus, um nicht unnötig aufgehalten zu werden, verliessen Quiruvilca nach Mittag und kamen am 16. Mai um 14 Uhr in Chagual an. In einem Restaurant versuchten sie zu telefonieren, da ihr Wagen defekt war. Vergeblich – es war Sonntag. Sie müssen die halbe Nacht über miserable, kurvenreiche Bergstrassen gefahren sein, die sonst nur von schweren Lastwagen in zwei Tagen passiert werden konnten. Die drei übermüdeten Passagiere hetzten weiter, tranken nicht einmal Kaffee.

Nach ungefähr zwei Stunden Fahrzeit stürzte der Wagen zwischen Chagual und Parcoy in eine tiefe Schlucht und wurde völlig zerstört.

«Ali de Szepessy-Schaurek, Luis Delgado and A. W. Bischof lost their lives on Sunday, May 16th.» (Aus dem Rapport der «Mining Company», 25. Mai 1954.)

Am Dienstag 25. Mai 1954 machte die *Neue Zürcher Zeitung* die Todesnachricht publik. An diesem Tag kam Daniel, sein zweiter Sohn, zur Welt.

Rosellina blieb der engagierten Photographie und MAGNUM verbunden: 1956-1968 leitete sie die Agentur MAGNUM Schweiz und 1970 und 1976 brachte sie die Ausstellung «Concerned Photography» nach Zürich, in Gedenken an Robert Capa, der am 25. Mai 1954 in Indochina, kurz nach Bischofs Tod, von einer Mine getötet wurde – und in Gedenken an David Seymour, der 1956 sein Leben am Suezkanal verlor. Als Mitbegründerin der Schweizerischen Stiftung für die Photographie sorgte sie sich um Bischofs Nachlass und gab eine Reihe monographischer Publikationen heraus. 1963 heiratete sie den Schweizer MAGNUM Photographen René Burri. Ihr letztes Projekt, die grosse Werner Bischof Ausstellung im Kunsthaus Zürich vom Herbst 1986 konnte sie nicht mehr erleben. Zu diesem Anlass hatte sie sich von Ernst Haas, der gleichzeitig mit Bischof 1950 MAGNUM beigetreten war, einen kurzen Text erbeten:

«Es tut mir fast weh, Werners Bilder zu sehen, denn sie sprechen so deutlich zu mir in seiner eigenen Sprache.

»Sind es wirklich dreissig Jahre seit der erschütternden Nachricht? Seine Bilder haben sich schon gelöst und ihre Jahreszahlen sind zeitlos geworden.

»Es sind Schicksalsbilder, die uns da anschauen, doch alle diese Schicksale scheinen veredelt worden zu sein. Sie zielen tief ins Innere und sind viel mehr durchsichtig wie draufsichtig. Menschen aus so verschiedenen Ländern und niemand ist uns fremd. All diese Gestalten sind so stark mit ihm verwandt, als hätten sie auf ihn gewartet. Man muss sie nur länger und intensiver betrachten, dann lebt er in ihnen weiter.

»Könnte man Zeit verschenken, ich hätte es gerne getan.»

Werner Bischof, Machu Picchu Peru 1954
(Photo: Eugene Harris)

229 New York City, USA 1953

230/231 In den Strassen von New York, USA 1953

232/233 Parkplatz auf dem Bus-Terminal, New York, USA 1953

234 Bauarbeiter, New York, USA 1953

235 Auf dem Weg nach Cuzco, Peru 1954

243

245

236/237 Zwischen Cuzco und Pisac, Peru 1954

238/239 Marktszene Cuzco, Peru 1954

240/241 Nach der Prozession, Pisac, Peru 1954

242/243 Vor dem Beginn der Messe, Pisac, Peru 1954

244/245 In Machu Picchu, Peru 1954

246 Der Alcalde während der Messe, Pisac, Peru 1954

Kurzbiographie

1916 Werner Bischof wird am 26. April in Zürich (Schweiz) geboren, wo sein Vater eine Fabrik für pharmazeutische Produkte leitet, später lässt er sich in Waldshut (Deutschland) nieder. Werner hat eine um ein Jahr ältere Schwester. Die Mutter stirbt 1931.
1932 Eintritt in die Kunstgewerbeschule Zürich und Besuch der von Hans Finsler neu geschaffenen Kurse für Photographie. Unter dem Einfluss dieses Unterrichts realisiert er zahlreiche Photos von Pflanzen und Muscheln.
1936 Nach der Diplomierung und der Rekrutenschule eröffnet er in Zürich ein Atelier für Photographie und Graphik.
1938 Anstellung beim Verlag Amstutz und Herdeg. (Photoplakate, Modephotographie.)
1939 Mitarbeit an der Schweizerischen Landesausstellung Zürich.
1940-1945 Leistet 800 Tage Aktivdienst in der Schweizer Armee. 1942 erste Publikation photographischer Studien über das Licht in der von Arnold Kübler gegründeten Zeitschrift *Du*. Regelmässiger Mitarbeiter. Mitglied der Künstlergruppe «Allianz». Wohn- und Atelierhaus in Zürich-Leimbach.
1944/1945 Erste Reportagen zum Thema: «Der invalide Mensch» und über «Flüchtlinge» im Tessin.
1945 Mit dem Fahrrad nach Süddeutschland. Grosse Reportagefahrt durch die kriegsverwüsteten Länder Frankreich, Deutschland, Holland. (*Du* Sonderheft, Mai 1946.)
1946-1948 Köln, Berlin, Leibzig, Dresden. Für das Hilfswerk «Schweizer Spende» in Österreich, Italien, Griechenland tätig, später quer durch Osteuropa (Ungarn, Tschechoslowakei, Rumänien und Polen), dann in Finnland. (*Du* Sonderheft, Juni 1949.)
1949 Heirat mit Rosellina Mandel, die er in Italien kennenlernte. Arbeitet in England für *Picture Post, Illustrated* und *Observer*. Er stösst zur Equipe der Photoagentur MAGNUM.
1950 Geburt des Sohnes Marco.
1951-1952 Für MAGNUM nach Indien. Die in *Life* publizierte Reportage «Hunger in Indien» (28. Mai 1951) machte ihn berühmt. Für MAGNUM nach Korea, Okinawa und Japan.
1952 Im Auftrag von *Life* in Tokyo. Das Land ist für ihn und Rosellina ein grosses Erlebnis, wie sein Buch «Japan» (erschienen 1954) zeigt. Dann Fahrt mit dem Schiff nach Hongkong. Als Kriegskorrespondent für *Paris Match* im Indochinakrieg. Starke Zweifel am Photojournalismus. Auf Weihnachten 1952 kehrt er via Südindien in die Schweiz zurück.
1953 *Du* Sondernummer über «Menschen im Fernen Osten» und in Zürich Ausstellung zu diesem Thema. Im September Einschiffung nach New York; Auftragsarbeiten zur Finanzierung einer grossen Südamerika-Reise.
1954 Im Frühling mit Rosellina nach Mexiko. Für MAGNUM und *Life* auf Reportagefahrt in Lima und Santiago de Chile via Panama. Besuch von Cuzco und der Inka-Stadt Machu Picchu. Nach der Rückkehr nach Lima begleitet er einen Geologen auf einer Inspektionsreise nach Amazonien. Am 16. Mai stürzt der Wagen in eine Andenschlucht. Neun Tage nach diesem Unglück, bei dem Werner Bischof den Tod fand, wurde sein zweiter Sohn Daniel, geboren.

Bibliographie

Bücher und Ausstellungskataloge

1946 *Werner Bischof: 24 Photos*. Einleitung Manuel Gasser; L.M. Kohler, Bern 1946.

1954 *Das Eidgenössische Gestüt in Avenches*. J. Baumann; Conzett & Huber, Zürich 1954. 24 Photos.

Japan. Text von Robert Guillain; Robert Delpire, Paris 1954. Prix Nadar, 1955. Gleichzeitig publiziert bei: Manesse, Zürich 1954; Simon & Schuster, New York 1954; Sylvan Press, London 1954; Garzanti, Milano 1954. 109 Photos.

Werner Bischof 1916–1954: Privatdruck. Basler Druck und Verlagsanstalt, Basel 1954. 15 Photos.

1957 *Werner Bischof: Carnet de Route*. Texte von Manuel Gasser; Robert Delpire, Paris 1957. Ebenso veröffentlicht als: *Unterwegs*. Manesse, Zürich 1957; *The World of Werner Bischof: A Photographer's Odyssey*. E.P. Dutton, New York 1959; *Fran Färdevägar*. International Publishing Corp., Stockholm 1960. 76 Photos.

1960 *Werner Bischof 1916–1954*. Anna Farova; S.N.K.L.H.U., Prag 1960. In New York erschienen als: Paragraphics/Grossman, 1966. 55 Photos.

1961 *Werner Bischof: Querschnitt*. Rosellina Bischof und Peter Schifferli. Texte von Manuel Gasser, Henri Cartier-Bresson, John G. Morris, Claude Roy und Charles Rosner; Arche-Verlag, Zürich 1961. 48 Photos, 8 Zeichnungen.

Japan. Text von Robert Guillain. Gallery Edition/Bantam Books, New York 1961. Taschenbuch der Originalausgabe von Robert Delpire, Paris, 1954. 110 Photos.

1973 *Werner Bischof*. Text von Niklaus Flüeler; C.J. Bucher, Bibliothek der Photographie, Luzern 1973. Auch erschienen in der Serie: Photography: Men and Movements series. Amphoto, Garden City, New York 1976. 85 Photos.

1974 *Werner Bischof 1916–1954*. Texte von Bhupendra Karia und Manuel Gasser; ICP Library of Photographers series, Grossman Publishers, New York 1974. 65 Photos.

1983 *Werner Bischof*. Texte von Hugo Lootscher und Giorgio Soavi; in der Serie I Grandi Fotografi. Gruppo Editoriale Fabbri, Milano 1983. 47 Photos.

1984 *Werner Bischof*. Jean Dieuzaide; Ausstellungskatalog der Galerie Municipale du Château d'Eau, Toulouse 1984. 21 Photos.

1986 *Werner Bischof*. Vorwort von Claude Roy; Collection Photo Poche, Centre National de la Photographie, Paris 1986. Ebenso erschienen in Deutsch und Spanisch. Englische Ausgabe: Thames and Hudson, Photofile, London 1989, und Pantheon Photo Library, New York 1989. 61 Photos.

1990 *Werner Bischof 1916–1954. Leben und Werk*. Texte von Hugo Lootscher, Guido Magnaguagno und Marco Bischof; Benteli, Bern 1990. Englische Ausgabe: Little, Brown & Company, Boston/Toronto/London 1990; Französische Ausgabe: Arthaud, Paris 1990. 201 Photos, 8 Zeichnungen.

1994 *Dopo la Guerra*. Vorwort von Miriam Mafai; Motta Editore, Milano 1994. Ebenso veröffentlicht als: *After the War: Photographs by Werner Bischof*. Smithsonian Institution Press, Washington D.C. 1997; *Werner Bischof. Après la Guerre*. Nathan, Paris 1997. 40 Photos.

2001 *Werner Bischof – 55 Photos*. Text von Claude Cookman; Phaidon, London 2001. 55 Photos.

Bücher und Kataloge, die Photos von Werner Bischof enthalten

1946 *Our Leave in Switzerland: A Souvenir of the Visit of American Soldiers to Switzerland in 1945/46*. Zusammengestellt von Arnold Kübler, Gottlieb Duttweiler und Werner Bischof; Zur Limmat/Conzett & Huber, Zürich 1946. 14 Photos.

1948 *Die Schweizer Spende: Tätigkeitsbericht*. R. Olgiati; Conzett & Huber, Zürich 1948. 38 Photos.

1949 *Mutter und Kind*. Sigfried Reinke und Elsa F. Gasser; Migros–Genossenschafts–Bund, Zürich 1949. 32 Photos.

1954 *Werner Bischof: A Personal Tribute*. Charles Rosner, in «Penrose Annual 1955»; Penrose Annual, London 1954. 8 Photos.

1955 *International Photography in Memoriam: Robert Capa and Werner Bischof*. In «U.S. Camera 1955».

1956 *Indiens pas morts*. Photos von Werner Bischof, Robert Frank und Pierre Verger. Text von Georges Arnaud; Robert Delpire, Paris 1956. Ebenso veröffentlicht als: Indios. Manesse, Zürich 1956; *From Incas to Indios*. Universe Books, New York 1956; *Incas to Indians*. Photography Magazine, London 1956; *Dagli Incas agli Indios*. Feltrinelli, Milano 1957; *Alto Perù. El gran Imperio de los Incas*. Artco, Ediciones de Arte y Color, Barcelona 1959. 13 Photos.

1968 *The Concerned Photographer*. Vorwort und Zusammenstellung Cornell Capa. Texte von Robert Sagalyn und Judith Friedberg; Grossman Publishers, New York 1968. 25 Photos.

1972 *Robert Capa, Werner Bischof and David Seymour «Chim»: A Tribute*. Text von Cornell Capa, in «Photographic Communication». Herausgegeben von R. Smith Schuneman; Visual Communication Books/Hastings House, New York 1972. 1 Photo.

1974 *Photographie in der Schweiz: 1840 bis heute*. Herausgegeben von Hugo Loetscher, Walter Binder, Rosellina Burri–Bischof und Peter Killer. Ein Buch der Schweizerischen Stiftung für Photographie; Arthur Niggli, Teufen 1974. 10 Photos.

1978 *Images des Hommes: 18 photographes européens*. Einleitung von Max–Pol Fouchet und René Léonard; Ministère de la Culture Francaise de Belgique et Crédit Communal de Belgique, Brüssel 1978. 5 Photos.

1985 *After the War was over*. Einleitung von Mary Blume; Thames and Hudson, London 1985. 13 Photos.

1989 *In our time – the world as seen by MAGNUM photographers*. Texte von William Manchester, Jean Lacouture, Fred Ritchin, Stuart Alexander; W.W. Norton & Company, New York und London 1989. Ebenso erschienen als: *MAGNUM – 50 ans de photographies*. Editions Nathan, Paris 1989, und *Zeitblende* bei Schirmer und Mosel, München 1989. 9 Photos.

Zeitschriften und Magazine

1942 *Du*
Nr. 1 «3 Photos»; S. 14–17.
 2 Ständiger Mitarbeiter.
 3 «Mode von gestern und heute»; S. 18; 6 Photos.
 7 «Mode und Wassersport»; S. 25; 3 Photos.
 9 «Stockalperpalast»; S. 6; 4 Photos.
 10 «Mode»; S. 42; 4 Photos.

1943 *Du*
 1 «Tiere und Mode»; S. 14, 38–40; 6 Photos.
 4 «Der Rhythmus der Schlüsselblume»; S. 3–4, 11–16; 9 Photos.
 5 «Der Schweizerische Arbeiter»; S. 11; 2 Photos.

1944 *Du*
 1 «Zirkus»; S. 16; 1 Photo.
 3 «Modeaufnahmen»; S. 39–40; 2 Photos.
 4 «Die Welt der Blinden» (Der invalide Mensch); S. 6–41; 19 Photos.

1945 *Du*
 3 «Flüchtlinge in der Schweiz»; S. 26; 11 Photos.
 6 «7 Photos von Werner Bischof»; S. 16–24.
 9 «Das Pferd im Sprichwort europäischer Völker»; S. 18–25; 7 Photos.
 10 «Afrikanische Kunst»; S. 14; 4 Photos.
 12 «4 Photos von Werner Bischof»; S. 50–54.

1946 *Du*
 5 «Europäische Aufnahmen von Werner Bischof»; S. 4–48; 57 Photos.
 7 «Vorwort von Arnold Kübler»; S. 4.

1947 *Du*
 4 «Das Kind in aller Welt»; S. 16; 4 Photos.
 6 «Mit der Kamera in Griechenland»; S. 36–47; 9 Photos.
 12 «Plastiken aus Pisa»; S. 67; 5 Photos.

1948 *Du*
 5 «Zigeunerkinder»; S. 7, 40; 6 Photos.
 12 «Hinter dem Eisernen Vorhang»; S. 67–68; 4 Photos.

1949 *Du*
6 «Osteuropa heute»; S. 8–50; 52 Photos.
10 «Sulzer Winterthur»; S. 39–44; 5 Photos.

1952 *Du*
1 «Neues Tokyo altes Kyoto»; S. 37–46; 10 Photos.
7 «Sardinien»; S. 24–33; 8 Photos.

1953 *Du*
7 «Menschen im Fernen Osten»; S. 2–47; 31 Photos.

1954 *Du*
12 «Werner Bischof 1916–1954»; S. 64–73; 5 Photos.

1942 *Das Werk*. April, Nr. 4; «Schweizer Modewoche»; S. 74–96.

1945 *Graphis*. April/Mai/Juni, Nr. 7/8; «Werner Bischof: Der Photographiker», von Hans Finsler; S. 140–147; 17 Photos.

1946 *Picture Post*. July 6, No. 1; «Bright interval».

Picture Post. July 13, No. 2; «The happy elephant»; S. 7; 1 Photo.

Sie und Er. Dezember, Nr. 49; «Ein Photograph sieht Italien»; S. 10–12; 6 Photos.

1947 *U.S. Camera*. May, No. 3; «Portfolio from Switzerland»; S. 22–24; 7 Photos.

Sie und Er. Mai, Nr. 21; «Griechenland»; S. 1–3; 4 Photos.

1948 *Life*. February 16; «Olympic games in St. Moritz»; S. 32–33; 1 Photo.

Picture Post. April 24, No. 4; «Europe's children»; S. 7–14; 5 Photos.

1949 *Camera*. April, Nr. 4; «2 Photos von Werner Bischof»; S. 114–115.

Picture Post. July 2, No. 1; «One glorious week»; S. 9–15; 13 Photos.

Illustrated. October 29; «Foals of Avenches».

Life. December 5; «Iron curtain countries»; S. 123–133; 18 Photos.

1950 *Atlantis*. Februar, Nr. 2; «Finnisches Tagebuch»; S. 47–68; 26 Photos.

Illustrated. March 11; «The children write this story»; S. 11–15; 12 Photos.

Life. April 3; «Life goes to the Arlberg-Kandahar»; S. 130–132; 3 Photos.

Picture Post. April 15; «The country of quiet woods»; S. 22–27; 13 Photos.

Illustrated. June 10; «Miracle shrine of Carfin»; S. 29–32; 6 Photos.

Illustrated. July 8; «Room that never sleeps»; S. 9–13; 13 Photos.

1950 *Illustrated*. July 15; «Penguin promenade»; S. 28–30; 6 Photos.

Illustrated. July 29; «Down London way»; S. 9–16; 15 Photos.

Illustrated. August 5; «Cables come to sky».

Illustrated. August 12; «Magic of the Thames»; S. 26–31; 12 Photos.

Illustrated. August 19; «It's a permanent business»; S. 18/19; 3 Photos.

1951 *Illustrated*. January 6; «Death comes on Sunday».

Epoca. Gennaio 13, n. 14; «I giorni del paradiso»; S. 23–31; 19 Photos.

Camera. März, Nr. 3; «The Academy of Swiss Photographers: Werner Bischof»; S. 74–79.

Life. May 21, No. 22; «U.S. heeds India's plea for food»; S. 17–21; 11 Photos.

Die Woche. Juni, Nr. 2; «Indien braucht Brot»; S. 3–7; 11 Photos.

Illustrated. June 30; «Famine»; S. 18–23; 11 Photos.

Die Woche. Juli 15, Nr. 6; «Indien arbeitet»; S. 2–5; 9 Photos.

Sie und Er. August 17, Nr. 33; «Sikkim das Tor zu Tibet»; S. 1–3; 7 Photos.

Billet Bladet. September 11, Nr. 37; «Verden haaber stadig paa fred i Kaesong»; 3 Photos.

Die Woche. September 16, Nr. 15; «Das vergessene Dorf»; S. 2–5; 8 Photos.

Illustrated. September 22; «The village of despair»; S. 11–13; 6 Photos.

Die Woche. Oktober 21, Nr. 20; «Vor dem Start nach Korea»; S. 2–4; 9 Photos.

Illustrated. November 10; «Dressing up a Japanese»; S. 24–25; 5 Photos.

Frankfurter Illustrierte. November 25; «Ein Kaiser starb und wurde Gott»; S. 20–21; 6 Photos.

Illustrated. December 8; «Japan sheds her Kimono»; S. 11–15; 11 Photos.

Illustrated. December 15; «Silks in the wind of Japan»; S. 14–15; 6 Photos.

Die Woche. Dezember 16, Nr. 28; «Die neue Generation Japans»; S. 5–7; 9 Photos.

Illustrated. December 21; «Hiroshima today»; S. 27–29; 8 Photos.

1952 *Illustrated*. January 5; «Okinawa goes back into action»; S. 14–15; 7 Photos.

Epoca. Gennaio, n. 65; «A Hiroshima è tornato l'imperatore»; S. 10–15; 6 Photos.

Die Woche. März 9, Nr. 10; «Hiroshima»; S. 1–5; 9 Photos.

1952 *Telebild*. März 21; «Tokio baut Schiffe»; S 25–28; 11 Photos.

Illustrated. May 3; «The red captives of Koje»; S. 24–27; 10 Photos.

Illustrated. June 28; «Mr. Rhee changes step».

Holiday. August; «Japan»; S. 26–41; 6 Photos.

Illustrated. November 15; «800 000 go hungry in a city of plenty» (Korea).

1953 *Paris Match*. Janvier 3; N° 199; «Tragédie du Champollion» (Titel).

Paris Match. Janvier 3; N° 199; «En Indochine la France défend aussi cet album de photos»; S. 21–29; 20 Photos.

Holiday. January; «Youth and the world: Asia».

Das Ufer. Nr. 3; «Japan gestern und morgen»; S. 17–21; 16 Photos.

Life. June 15; «Coronation of Elizabeth II»; 2 Photos. «Prisoner issue»; 2 Photos.

Zondagsvriend. June 18; «Jeugd in India».

Die Woche. August 6, Nr. 32; «Kambodscha fordert seine Unabhängigkeit».

United Nations World. August; «Viet Nam outpost».

Die Woche. Oktober 18, Nr. 42; «Kathakali – Das stumme Spiel von Göttern und Geistern»; S. 1–4; 8 Photos.

Camera. Oktober, Nr. 10; «MAGNUM Photos Inc.: Sechs weltbekannte Photoreporter»; S. 408–436; 6 Photos.

New York Times Magazine. November 8; «A new act in Cambodia's drama».

New York Times Magazine. December 13; «The playwrights talk of the States».

1954 *New York Times Magazine*. January 24; «Hongkong in the red shadow».

Time. March 9; «Saigon North: jungle lifeline»; 5 Photos.

See. May; «Hungry Asia».

New York Times Magazine. May 16; «These are the Southeast Asians».

Infinity. May; «Robert Capa, Werner Bischof»; S. 3–7; 3 Photos.

Life. June 7, No. 23; «Voice from Korea: won't you help us off our knees?»; S. 178–187; 8 Photos.

Camera. June, No. 6; «A farewell to two photographers / A last salute to two men!»; S. 283–284.

Photography. July, No. 7; «Capa and Bischof... They were two Great Photographers»; S. 44–48; 4 Photos.

Modern Photography. August, No. 8; «Robert Capa, 1913–54 / Werner Bischof, 1916–54»; S. 42; 1 Photo.

1954 *Leica Fotografie*. September/Oktober;
«Meister der Leica: Werner Bischof»;
S. 162–169; 6 Photos.

Camera. November, No. 11;
«Three Swiss Photographers»; S. 478–515;
13 Photos.

1955 *Modern Photography*. February, No. 2;
«Werner Bischof»; S. 44; 13 Photos.

Popular Photography. March; «Bischof's Japan».

Photography. May, No. 5;
«The Face of Japan»; S. 38–41; 5 Photos.

1956 *Infinity*. January/February;
«Werner Bischof and Richard Lannoy interpret the Far East».

1957 *Camera*. September, No. 9;
«Werner Bischof»; S. 387–421; 33 Photos.

1968 *Contemporary Photographer*. February, No. 2;
«Werner Bischof»; S. 12–23, 84–85; 16 Photos.

1969 *Camera*. May, No. 5;
«Werner Bischof»; S. 10–14; 3 Photos.

1971 *Revue Suisse de la Photographie*. Septembre,
N° 17; «Bischof à travers Rosellina»;
S. 771–790; 10 Photos.

1973 *Il Diaframma. Fotografia Italiana*. Settembre,
n. 185; «Werner Bischof»; 57 Photos.

1986 *Magma*. November;
«Werner Bischof»; S. 60–68; 7 Photos.

International Herald Tribune. November;
«Photographic Memory»; S. 11; 3 Photos.

Revue Suisse de la Photographie. Décembre
N° 23; «Werner Bischof»; 12 Photos.

Filme über Werner Bischof

1953 *Kurzportrait über Werner Bischof* (anlässlich der Ausstellung «Menschen im Fernen Osten» im St. Annahof, Zürich), von René Burri, Zürich. 16 mm s/w, 7 min.

1987 *Unterwegs: Werner Bischof Photograph 1951/1952*. Metropolis Film Zürich, 1987. Ein Film von René Baumann und Marc Bischof. Werner Bischofs Arbeit als Photojournalist im Fernen Osten. Originalversion: Deutsch; erhältlich in französischer, englischer, spanischer und italienischer Übersetzung. 16 mm s/w, 50 min.

CD-Rom über Werner Bischof

2004 *Leben und Werk von Werner Bischof 1916–1954*. Eine interaktive Biographie von Carl Philabaum, Tania Samara Kuhn und Marco Bischof. Originalversion Deutsch; erhältlich in Englisch. Über 1 000 Photos.

Einzelausstellungen

1953 Galerie St. Annahof, Zürich,
«Menschen im Fernen Osten».

1955 Art Institute, Chicago, «Japan». Wanderausstellung der Smithsonian Institution.

1957 Kunstgewerbemuseum, Zürich,
«Werner Bischof – Das fotografische Werk». Wanderausstellung der Pro Helvetia.

1961 The Smithsonian Institution, Washington D.C.,
«The world of Werner Bischof: A Photographer's Odyssey».

1966 Galerie Form, Zürich.

1967 Musée des Arts Décoratifs, Paris.

1968 IBM Gallery, New York.

Takashimaya, Tokyo,
Wanderausstellung in Japan.

1984 Galerie du Château d'Eau, Toulouse.

1986 Kunsthaus Zürich, Zürich,
Schweizerische Stiftung für die Photographie,
«Werner Bischof, Photographien 1932–1954».

1987 Musée de l'Elysée, Lausanne,
«Werner Bischof, Photographies 1932–1954».

1988 Centro de Arte Reina Sofia, Madrid,
«Werner Bischof, Fotografias 1932–1954».

Wanderausstellung in der Schweiz zusammen mit dem Film «Unterwegs: Werner Bischof Photograph 1951/1952».

1989 Forum der Volkshochschule, Köln,
«Werner Bischof, Photographien 1932–1954».

1990– Wanderausstellung mit Pro Helvetia auf fünf
2003 Kontinenten.

2003/ Minneapolis Institute of Arts, Minnesota,
2004 «Werner Bischof. Photographs 1932–1954».

Gruppenausstellungen

1951 Helmhaus, Zürich,
«Kollegium Schweizer Photographen».

Museum of Modern Art, New York,
«Memorable *Life* photographs».

1959 International Museum of Photography, Rochester,
«Ten years of photography».

1960 Takashimaya, Tokyo,
«The world as seen by MAGNUM».

1967 Riverside Museum, New York,
«The Concerned Photographer I».

Musée du Louvre, Paris,
«The Concerned Photographer I».

1970 Centre Le Corbusier, Zürich,
«The Concerned Photographer I».

1974 Kunsthaus Zürich, Zürich,
Schweizerische Stiftung für die Photographie,
«Photographie in der Schweiz – 1840 bis heute». Wanderausstellung der Pro Helvetia.

1977 Museum Fridericianum, Kassel, «Documenta 6».

1979 Tiroler Landesmuseum Ferdinandeum, Innsbruck,
«Photographie als Kunst 1879–1979».

1989 International Center of Photography, New York,
«In our time – the world as seen by MAGNUM photographers».
Wanderausstellung in den Vereinigten Staaten.

Centre National de la Photographie, Paris,
«MAGNUM – 50 ans de photographies». Wanderausstellung in Europa.

Öffentliche Sammlungen

Art Institute of Chicago, Chicago, Illinois, USA.

Fotostiftung Schweiz, Winterthur, Schweiz.

International Center of Photography, New York, New York, USA.

Metropolitan Museum of Art, New York, New York, USA.

Musée de l'Elysée, Lausanne, Schweiz.

Museum of Decorative Arts, Prag,
Tschechische Republik.

Museum of Modern Art, New York, New York, USA.

Rose Art Museum, Amherst, Massachusetts, USA.

Santa Barbara Museum of Art, Santa Barbara, Kalifornien, USA.

The Minneapolis Institute of Arts, Minneapolis, Minnesota, USA.

www.wernerbischof.com

Dank

Wir freuen uns, dass zum 50. Todestag von Werner Bischof dieses Buch nochmals aufgelegt wird und wollen uns bei allen von Herzen bedanken, die sich für Person und Werk unseres Vaters eingesetzt haben.

Daniel & Marco Bischof, Mai 2004